学诚法师
谈禅与人生智慧

不立文字

学诚法师 著
贤帆 贤书 绘

中国出版集团公司
China Publishing Group Corp.

华文出版社
SINO-CULTURE PRESS

图书在版编目（CIP）数据

不立文字：学诚法师谈禅与人生智慧/学诚法师著；贤帆,贤书绘
-- 北京：华文出版社,2015.9
ISBN 978-7-5075-4419-0

Ⅰ.①不… Ⅱ.①学… ②贤… ③贤… Ⅲ.①禅宗—人生哲学—通俗读物 Ⅳ.① B946.5-49

中国版本图书馆 CIP 数据核字 (2015) 第 212457 号

不立文字：学诚法师谈禅与人生智慧

作　　者：	学诚法师（著）贤帆 贤书（绘）
责任编辑：	杨宁（kaiyu118@163.com）
出版发行：	华文出版社
地　　址：	北京市西城区广外大街305号8区2号楼
邮政编码：	100055
电　　话：	编辑部010-58336258　总编室010-58336239
	发行部010-58336266
经　　销：	新华书店
印　　刷：	北京米开朗优威印刷有限责任公司
开　　本：	787x1092　1/16
印　　张：	16
字　　数：	200千字
版　　次：	2016年1月第1版
印　　次：	2016年5月第2次印刷
标准书号：	ISBN 978-7-5075-4419-0
定　　价：	46.00元

版权所有，侵权必究

2 不立文字

无言童子经

和尚：敢问法师读什么经？

僧答：《无言童子经》。

和尚：几卷？

僧答：五卷。

4 不立文字

和尚：既然无言，怎么还有五卷？

僧，无语默然。

和尚又言：若论无言，岂止五卷。

禅门中常说,不立文字。
但古往今来,文字没少留。

不立文字

　　佛法靠文字传承、传播，靠文字来领悟，靠文字来学习、认识和了解乃至深入。

　　三藏十二部经典，海量的文字，穷尽一生、多生，也不一定能够完全摸清这些文字。

　　两千多年在翻译和传播过程中，有梵语、汉语、藏语、巴利语、西语等等，没有这些文字，就没有佛法，也就没有了觉悟、解脱生死这回事。

　　但是，文字又绝对不是佛法。

　　因为凡夫的执着，所以会毫无悬念地错把文字当成佛法。

佛法不是知识，不是学问，不是空，不是有，不是非有非空，不是即有即空。

当我们认为它是什么的时候，它就不是什么。

因此就有了指月的比喻，错把指向月亮的手指头当成月亮，既迷失了月亮，也迷失了手指。佛法靠悟，不是靠文字。

但是，没有文字又万万不行。

所以，这个事情就比较难办。当然，好办也好办在这里。

一定要讲，讲不立文字，相对来说比较妥当。

十牛图

一 寻牛

忙忙拨草去追寻,
水阔山遥路更深。
力尽神疲无处觅,
但闻枫树晚蝉吟。

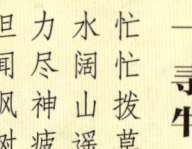

二 未牧

生狞头角恣咆哮,
奔走溪山路转遥。
一片黑云横谷口,
谁知步步犯佳苗。

十牛图 11

12　不立文字

三 初调

我有芒绳蓦鼻穿,
一回奔竞痛加鞭。
从来劣性难调制,
犹得山童尽力牵。

四 回首

日久功深始转头,
颠狂心力渐调柔。
山童未肯全相许,
犹把芒绳且系留。

14 不立文字

五 驯服

绿杨阴下古溪边,
放去收来得自然。
日暮碧云芳草地,
牧童归去不须牵。

六 无碍

露地安眠意自如,
不劳鞭策永无拘。
山童稳坐青松下,
一曲升平乐有余。

七 任运

柳岸春波夕照中,
淡烟芳草绿茸茸。
俄凌渴饮随时过,
石上山童睡正浓。

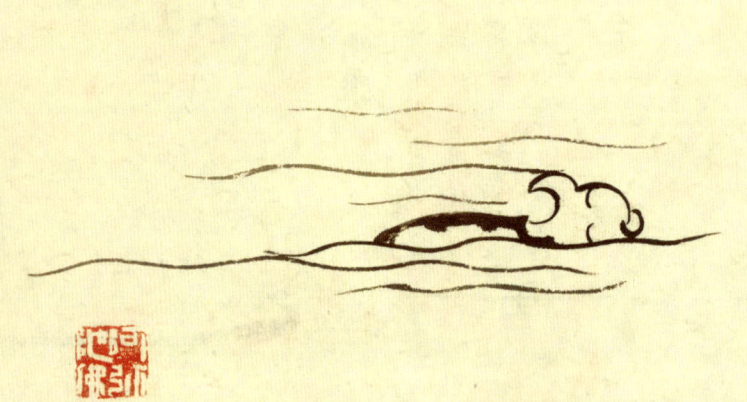

八 相忘

白牛常在白云中,
人自无心牛亦同。
月透白云云影白,
白云明月任西东。

九 独照

牛儿无处牧童闲,
一片孤云碧嶂间。
拍手高歌明月下,
归来犹有一重关。

十 双泯

人牛不见杳无踪,
明月光含万象空。
若问其中端的意,
野花芳草自丛丛。

十牛图 19

目录

021　第一章　**微笑 渐悟 顿悟**

061　第二章　**禅的人生智慧**

109　第三章　**念佛还是参禅**

135　第四章　**佛法与人生**

181　第五章　**趣入菩提道**

第一章
微笑 渐悟 顿悟

弟子：您为什么总是对人微笑？
师父：常常微笑，给人带来温暖和希望。

疑情不是怀疑

过去坐禅的人，说大疑大悟、小疑小悟、不疑不悟。他很注重这种疑情，"疑情"也就是说对任何事情追根究底。为什么要追根究底？就是这些境界能够变成自己心里的东西。所有的三藏十二部，祖师的语录，外在的一些境界，都跟自己有关——为什么要这么说？为什么要这么写？

禅宗所谈到的疑情跟通常讲的怀疑，意义不一样。"疑情"是他不理解，穷根究底、打破沙锅问到底。这种精神、这种发心，必须在有经验、有证悟的人的引导下才有可能，才能让我们对佛法的觉悟不偏离。如果我们刚开始对佛法的信心就不坚定，对佛法的基本观念就不理解，那我们的内心就是空荡荡的，不容易有修行体验。

进一步说，如果我们没有经教理论，修行经验也缺乏，那就两头都会空。因为两头都会空，理论不懂，实践方面也没有做到，就会逐步对自己产生怀疑。

本来开始是对佛法的一种疑情，最后就怀疑到自己：是不是在修行，修得对不对。然后慢慢自己就会觉得样样不如别人：越来越自卑，觉得自己很尽力很用功，但是效果不好，自怨自艾，埋怨自己，也埋怨别人。这些负面情绪一直蔓延，烦恼一直增加，乃至会变成一种麻木的状态——没有办法真正自我反省，内在的觉照能力没法培养。也就是问题超出了自己觉悟的能力，或者说可能有一点点觉悟的能力，但能力太弱，问题太大，化解不了。

道理明白，但是觉照的力量不足以把问题观成是空的，这就把你困惑住了。这样的话你可能会想这些都是前世的业障、别人的业障，意味着这些是命运安排的，已经没办法了，自己投降。修行修不了，无能为力，都是这样子一层一层思维出来的。

这种心态，实际是在潜意识里回避问题、逃避现实。首先你认为自己不会有什么问题，这些问题都是别人的。但佛法告诉我们，这些问题是自己的，都是因为自己的烦恼造业而形成的。如果我们都在外在去寻找问题的原因，那怎么能够找到呢？肯定找不到。

我们要回归自心，从内在寻找解决烦恼的办法，思考为什么会起烦恼，烦恼应该如何对治,烦恼有什么过患、什么特点,这是很重要的。如果我们内在的烦恼、问题、障碍,总希望靠别人来解决——靠老师来解决,靠同行善友来解决,乃至说靠一些专家学者来解决,能解决吗?不可能的事情。

自己不解决,外在的人是束手无策的。只有自己希望解决这些烦恼,外在的同行善友才会给我们有效的帮助。如果我们自己内在没有自我反省、自我观照的能力,要解决问题是很难的。

修行就是要面对烦恼、观照烦恼、解决烦恼,然后解脱。不这么做的话,就会隐隐约约感觉到自己的问题、烦恼在加深,变得越来越难解决,烦恼越来越重,越来越复杂。这个烦恼也出来,那个烦恼也出来,乃至有永无止境的烦恼。然后慢慢地就会觉得,法师、老师、亲朋好友……所有的人都不能解决自己的问题。

实际上解决烦恼、解决痛苦,是我们出家修行的课题。我们出家修行就是要解决自己的烦恼。

清静无为无不为

有人说佛性的清静犹如虚空。

这只是一种比喻，佛性的清净跟虚空不同。清净，应如一杯水，清澈透明；如天空一尘不染，没有障碍；如一面镜子，什么东西在它面前都如实显现。佛门的清静并非无为，而是无不为。

在古印度和古代中国，法师们对佛教的弘扬非常积极，过去庙里年年、天天都有法师在讲经弘法。时代在变，弘法利生的方式也要与时俱进。现在大家比较忙，没那么多时间天天到庙里来听经，寺院可以通过网络，让更多人了解佛法；通过博客，来调伏众生的烦恼。否则，佛法都关在庙里头，外面的人不知道。

清静，是应无所住而生其心。心有所住、有所好、有所求，就有偏、有执，就不清净。你就会被这个东西捆绑住，不能解脱，也就会轮回、烦恼、痛苦。

26　不立文字

内空外有

现在有的人学佛,常常抓住自己的知见不放,越学知见越多,还以为这就是佛法,实际上完全走偏了。真正走对的人,应该越学越少,内空外有。

什么叫"内空外有"?"内空",就是自己内心对于世间的见解,乃至于对佛法的执着都要放掉。放不掉的话就有执着,有执着就有障碍,烦恼丛生。"外有",就是心量要广大,容得下任何人、事、物。

但有的人刚好相反,是"内有外空"。内在自己执着一大堆,要他做事却做不出来,只会空讲道理,这没有用。要培养度众生的心。要度众生,先要学会忘我,由"忘我"慢慢才能通达"无我"。如果整天只想着自己,结果越想越烦恼。菩萨心心念念只想着别人,结果得到了真正的快乐,所以我们要向菩萨学习:发菩提心,忘我利他。

好事不如无

赵州禅师讲："拜佛是好事，好事不如无。"拜佛是好事，好事怎么不如无事呢？

天天念经、拜佛、修行，肯定是好事。我们拜佛、念经、念佛、用功，都是为了成就功德，而不是追求外在的形相：拜佛的形相、念经的形相、用功的形相。不是要给别人留下印象：这个人很用功、很精进、很努力。

大部分的人都很注重自己的形象，总想给别人留下好的印象：要让人家觉得这个人很灵活、很聪明、很努力、很会代人着想、特别吃苦耐劳……他注意的只是怎么做才能给人留下好印象，怎么做这种印象才能持续，只是追求一个相上的成就。

我们常常讲不要追求果相，这个就叫做追求果相。追求果相，就是追求眼前的东西，就不能持续和长久，不可能有大成就。所以说"念佛是好事，好事不如无。"

"不如无"，就是说不能追求形相，我们要追求的是究竟的果报，是长远的、根本的利益——佛果。

30　不立文字

奉献：
让脆弱的生命融入永不干涸的大海

在人类社会，人是和整个世界的"有情"共同生活的。学佛的人过一生，要努力思索生存的意义，实现生命的价值，使生活品质得到提升。

那么人生的价值何在？答案就是我为人人，不断努力奉献。与千万人有联系，人活着才有意义。我们真正要做的是实现生命内涵的扩充和延伸，使我们的生命演绎得更加恢宏、浩荡，将一滴水一样脆弱的生命，融入大海而永不干涸！

一个乐于奉献的人在何时何地都有价值。奉献者的存在及其所作所为必会泽被一方，与此同时，他自身的价值也将得到淋漓尽致的展现。倘若出现乐于奉献的团体，那么力量就更不可思议了，可以从本质上改变一个环境。然而没有乐于奉献的人，不可能有乐于奉献的团体出现。

因此真诚奉献是使自己提升最快的方法，也是帮助别人和改造世界的最正确的方法。一个乐于奉献的人，能让未信者生信，已信者增长，使人乐观向上！

何处青山不道场

唐代有一位修行功夫很好的禅师——赵州从谂禅师。有一天,忽然他要去五台山朝拜文殊菩萨。

他遇到了一位大德,大德跟他说:"何处青山不道场",就是说哪里都是好的道场。如果非要到五台山去见文殊菩萨,这种着相的心态,本身就不是佛法的正见。后来这位大德给赵州从谂禅师作了一首偈子:

何处青山不道场,何须策杖礼清凉,
云中纵有金毛现,正眼观时非吉祥。

金毛是文殊菩萨骑的金狮子。整个偈子喻意说：为了要去看、要去找一个有形相的好，那本身就是错误的。佛性、自己的自性、心性，都是一体的。佛法无处不在，最主要的是我们自己要去悟，在当下的一念来觉悟，而不是在外在方面去求一个什么、去看一个什么、去得到一个什么。我们看到了又怎么样，没有看到又怎么样呢？

后来赵州从谂禅师在这位大德的启示下，有很多感悟。

禅也好、教也好，都是为了让我们觉悟。禅讲的是禅机，教讲的是理论，目的就是要让我们破迷——破除迷惑，也就是不能着相。即使是好的相，也不能执着。

因为对一个事物执着，内心和它就有粘着。有这种执着心，本身就是佛法所要反对的，佛法都是要"解粘去缚"。内心对外在的任何境界，只要有沾染都是错，这是非常重要的。

佛法和世间法

世上好多不学佛法的人，或者佛法学得比较少的人，往往想要有一个目标、一种成就，来满足内心的匮乏，觉得："唉，这个同学这么好，我自己这么差劲。"内心很难受，世间人都是如此。

佛门也是如此。如果当下能够开显自己的内心，无论做什么工作，意义都很大。无论劈柴也好、烧水也好、扫地也好，功德都很大，都是内心戒定慧功德的开显。

只是我们长久以来，都有这样一个错误的执取：认为外在目标的满足、达到，才是内心的成就。佛法刚好相反，外在事物的成就，是我们内心功德的流露、三宝功德的体现，这是微细的区别，也是佛法和世间法的区别。

"釜底抽水"

过去有一个禅师在大寮烧水。要烧一大锅水,只有少量的柴,不能把水烧开,典座让大家讨论怎么办。

有些人说我们再去山上砍一点柴嘛;有些人说我们到外面再买一点柴回来嘛;有些人说我们到邻居那去借一点嘛……各种各样的方法。这个禅师说,我们少放点水,从锅里取一点水出来,不需要这么多水。

很多时候,我们对问题想不开,认为要烧开,必须要去找柴。通常讲"釜底抽薪",其实我们也可以"釜底抽水",把水抽起来也可以,不一定要"抽薪"。

这就是人思维调整的结果:觉得这些柴能烧多少水就烧多少水,这样事情也能做圆满。

谁对谁错

如果我们有很多的执着、贪取，有好大喜功的想法、不切实际的想法，最后都会铸成大错。然而，如果踏实下来，真正在佛门里发心做事，就会感召无量无边的护法、无量无边的福德因缘来护持，而不仅仅是靠我们自己的力量。

当两个人讨论佛法时，一个说东一个说西，打比方一个说吃饭能够解除饥饿，喝水能够解渴；另外一个说吃饭肚子不能饱，喝水不能解渴。

可能甲认为："我说的对，你说的错。"那这个人的对的观点，其实不是他自己的观点。因为大家都知道"吃饭能够解除饥饿，喝水能够解除口渴"，不是哪一个人的观点。反而，错的人的观点，可能是他自身错的观点。

我要说一个什么道理呢？

就是我们容易拿一个大家都知道的道理去反对别人，而这实际上不是自己的观点，很多的争执都是这样引起的。看到别人有一个错误，然后拿一个对的东西说："你是错的。"那个人说:"我错,跟你没什么关系,我就这么认为。"这就会引发矛盾。

更好的办法是这样想:"他错了,我们怎么能够帮他改正?"并且,他错了只代表他是错的,不能证明你是对的,他跟你没有关系。但是我们容易说,他是错的,就能够证明我是对的。然后就变成:"我有道理,你没有道理。"

世上的纷争就是这样引起的。这不是我们学佛法的人应有的最基本的心态。这个都是"取蕴"。

通常佛家讲"五取蕴":追求外在的东西就是执取色蕴;执着追求自己种种的感受,累积下来就是受蕴;很多的胡思乱想累积下来是想蕴;轻举妄动最后累积下来的是行蕴;我们一直在分别、比较、散乱,种种的心态累积下来就是识蕴。

两种心态

　　有的人看到太阳升起来的时候,会想又多了一天去工作、去努力、去用功、去学修。而有的人看到太阳落山,就会想又少了一天。这是两种不同的心态。

父母未生前的本来面目

痛苦就是因为有"我",反过来说,有"我"所以很痛苦。我们讲:"哎呀,我很苦。"就是因为你有"我",所以你很苦,你如果没"我"的话,就没苦了。所以有时候人家说:"哎呀,我很苦。"我说:"哎呀,你活该。"就是因为你有"我",所以才苦呢,你无"我"的话,你苦什么?学佛法就要"无我",但是你不听。佛家本身就是要破苦,要破"我",破"我"就是破苦。我们佛法的知见是这样建立的。惠能大师讲:"不识本性,学法无益。"如果天天马马虎虎、随大流,那怎么行呢?

我们的心是什么?禅宗非常重视,它追根究底、追本溯源。为什么要参"念佛是谁""父母未生前的本来面目"?它为了要刨根究底,到底你的执着是什么?你的执着跟你的心有关,心没有了,自然执也没有了。

禅宗是从这方面下工夫的。《顿悟入道要门论》里头大珠慧海禅师讲:我们的心不青不黄,不赤不白,不长不短,不去不来,非垢非净,不生不灭,湛然常寂。此是本心形相也,亦是本身。本身者,即佛身也。

佛心、佛身，我们的本心和本身都是一致的。我们每个人都是有佛性的，每个人都是有佛心的。佛心者，大慈悲心是也。你问佛心是什么，说是什么都不对，它不是什么东西，它是一种力量，它是人的一种境界，圣者的一种境界，这种境界和世俗社会人的境界不同。我们到寺庙来，就是要研究这些道理、明白这些道理。修行是在我们自身上下工夫，外在都是其次，都是在自己的五蕴上着力。在这方面调整好，外在自然很多问题就没有了。然后我们要做的事，我们要成就的"业"，都能成就。

你的心用到什么地方，什么地方就能成就，因为我们都有正念、正知、正见在主导。因为有了正见，所以引发正知，因为有正知，所以有正念，因为有正念所以有正定、正慧。在这个理路上往下走。

三十七道品里有"八正道"，"八正道"把正见摆在第一位，我们所有的思维、习惯，我们的正命、正语、正业，都是在正见的基础上，由正见引导而来的。

历练

要有所悟，必须以经历作为基础。人要在喜怒哀乐、悲欢离合、顺境逆境中磨练自己的心。要不，释迦牟尼佛为什么六年苦行呢？他一开始在皇宫，后来又选择苦行。

其实你们还是有悟性的，只是不能着急，着急就会起反作用。这绝对是需要时间的，否则一定会拔苗助长。就犹如一棵千年的古树，为什么这棵树这么好，就是因为它长了一千年。如果当初天天给它拼命施肥、浇水，没几天就死了。所以人绝对需要时间去修炼，经过各种风风雨雨，才能够历练出来。

小孩子再怎么聪明，还是需要人生的阅历，否则他对于苦的体会不深，就很难与大人比。

活在自己的世界里

很多人活在自己认识的世界里，而不是活在现实世界里。

你现在的看法，只能代表现在自己经验世界里的认识水平，这样其实是看不清楚的。

能放掉就"空"了，至少不要认为自己是最正确的。

第一章　微笑 渐悟 顿悟　45

真正的禅定

定,行住坐卧都是定。

定跟禅坐是两个概念。禅坐是修坐禅的一种方式。

反过来说禅坐的人,不一定就能得定。因为禅坐是得到定的一种方式,并不是说你在打坐的时候才有定,如果不打坐就没有定,这些都是错误的观念。

任何所缘的境界内心都能够如如不动、分分明明、明明了了,内心非常寂静、非常清明,才是定的状态。

如果说去追求某一种形式才符合我要修的定,或者说某一种形式才是定,那么佛法就会落到形式当中去。这一层层的道理,我们必须要分辨得很清楚。

我觉得,在一个道场,五年十年不随便出门,这个定都不得了,不是一般的定。比在那边坐禅,坐一天不动、坐五天不动,功夫都要高。坐五天、坐一个礼拜,坐完后到处跑,那算什么定呢?那不行。

社会上很多人练瑜珈，功效很大。西方很流行的灵修活动，效果也很好，立竿见影。但是它没有佛法的理路，没有正见的引导和支撑，最后很危险。最多让自己身体好一点，仅此而已。

通达缘起性空

空性见要通达缘起性空，才不会有执着。没有执着才可以修菩提心，不然的话很多名言观念都会对立。做事情，可以分工也可以组合，离与合都是名言和业引起的。人是这样，事也是这样。但是我们很难用正确的观点来看待事物，很难既看到它的和合相，又看到它的分离相。看到和合相，事情才能干得起来；看到分离相，才不会失败。

要认识哪些因素会造成不和合，不和合就会分离；哪些因素会造成和合，把和合的因素放在一起，事情才能干成，不和合的因缘让它远离，才不会失败。要成功不要失败是我们的目的，怎样才能够把事情做成功，我们还要掌握一定的灵活性。原则性保证成功，灵活性保证不失败。原则性就是根本智，灵活性就是后得智。

就像种花一样，虽然有种种的善巧方便，但是花没有种出来还是不行。世间事是因缘所生法，事情是活的，跟走棋一样，为了保帅，车、马、炮可能会舍掉，一个子都不舍几乎不可能。如果主帅保住，最后赢得胜利，就是胜利。任何事情都是度的把握，不能做绝了、搞僵了。这个世界是相依共存的。

法远禅师

宋代的时候有一位禅师,叫法远禅师,很了不起,欧阳修都曾经跟他学过禅。他曾经同义怀禅师等八个人到河南叶县参拜归省禅师。参拜时正是冬天,大雪纷飞。归省禅师一看到他们就骂他们、赶他们,不让他们住。

法远禅师偏不走,非要在这里参学不可。然后归省禅师就让人拿水泼他们。大冬天,其他六个人被水一泼,走了;他们有两个人就是不走,赖在那里,还给归省禅师顶礼。禅师说:"你还不走,难道要打你吗?"真的让人去打。打他们也不走,然后说:"你不走,那算了,给你挂单吧。"

挂单一段时间后,禅师觉得这个人不错,挺发心的,让他当典座。有一次,法远禅师没有报告就把库房里的油面拿出来给大家,归省禅师知道后很不高兴,说:"你这个人私自做主,盗用常住物",并让他赔。他把所有的家当衣钵卖掉,还不够,又被赶出庙门到外面化缘。化缘半夜回来,就在屋檐下睡。

第二天早上归省禅师看到后说:"即便

是在外面睡，也要收你房租。"他说："好，那就交吧。"白天还去化缘托钵，晚上在屋檐下睡。后来归省禅师临终时说，法远禅师才是真正参禅的"法器"，并把法传给了他。后来法远禅师成就很高。

学法没有一种忍耐的心、忍辱的心怎么行？这不是一种情绪化的生活——你对我好，我也对你好，纯粹是世间法，修行则必须是难忍能忍、难行能行。

修行和一般世间上所谓的人情没有关系，和生活上挑剔与否——吃得好一点差一点、用得好一点差一点等等，也没有关系。

过去修道人的开悟都不是偶然的。这些禅师的开悟，都是在一种特殊的境界上面悟出来的。达摩九年面壁、慧可断臂求法，都很不简单，不是非常平常地就能悟道，那是绝对不可能的。

我们在佛门里有一些境界很正常。有境界时，不能觉得这个庙如何如何。在我们修道过程中有种种不如意都很正常，关键是有没有为法、为道、为教的心，利人的心，如果没有那就麻烦。

顿悟和渐悟

解脱都是在当下,当下没有烦恼、业,就是解脱。但是我们解脱不究竟,可能三分钟、五分钟解脱,过了三分钟、五分钟又被困住,没办法究竟解脱,烦恼和业经常现起。

过去汉地禅宗讲顿悟,顿悟是怎么回事呢?是一下子把自己所有的妄念、分别心、执着断除。断除就是指一刹那、一秒钟、一刻钟、当下,所有的妄念都没有了。

"悟"是悟什么呢?是悟无所得。悟了我空、法空。这是我们汉地禅宗的一种功夫——顿悟。一下子所有的妄念都没有,不会再恢复,如果再恢复,那就不叫顿悟。那个境界了不得,一般人很难做到。

就犹如一个科学家有了一个很重大的发明,他是顿悟,非常高兴。可能一辈子只有这一次顿悟,他一下就明白了。

顿悟最主要是悟到什么呢?

从时间上顿悟,顿悟现在的不住——无住,未来的无来,过去的无去。无去、无来、无住,三心不可得。《金刚经》中有一个著名公案,因闻听"过去心不可得,现在心不可得，未来心不可得"而顿悟。三心不可得就是解脱。

　　三心没有了，烦恼、业自然不会来。因为时间都没有了，烦恼怎么出现，怎么生呢？生必须跟现在挂上钩，"现在"已经没有了，怎么生呢？禅宗就是这样的一套理论。

　　一些同学看禅宗的书，却看不明白它实质的东西。通常，我们看到没有时间和空间会很害怕，觉得："没有时间，这怎么回事？"只有极有善根的人才有办法，一般人学不来。

　　"未生善令生起，已生善令增长"，这比较重要，能做到这一点，内心就不会觉得很空虚，内心里头就有很多善法。犹如这个人非常富有，就不愁，道理是一样的。佛法学得好，一举手一投足、一言一行、一举一动全是佛法的流露，就是解脱。

　　"已生善令增长"很不容易，我们修善行，一天、两天、三天以后不修了，感觉太麻烦，就不能增长。一天做好事、两天做好事、三天做好事容易，天天做好事、时时刻刻做好事，就不简单。

金链子

"金链子并不比铁链子更不是链子。"
学佛学得不好,可能本身也成为束缚。

难行能行 难忍能忍

在道场当中，如果我们对法没有一种希求的心——没有求法和用法的心，就会认为自己已经有法了，自己看书就能够有法。这样就没有一种"上求佛道，下化众生"的心，就不会去希求法。对佛法没有希求，人的善根就断了，就把妄想当成了自己的正见，这个是很需要重视的。

有时候在道场中遇到一些麻烦，有些不如法、不如理、不规矩的地方，人家批评时自己容易起烦恼、闹情绪。自己身心上面一旦有所不适，就认为修行怎么这么苦，出家了还这么苦。出家了还没成佛，当然有苦，那有苦该怎么来面对呢？

八苦交煎，要去面对这些问题、解决这些问题。在道场当中，面对这些境界的时候，看到苦，体会苦的特征，了解苦的本质，了解什么是佛法，以至于了解怎样来应用，怎样来修行。然后关键就是要有信心，逐步逐步去修；有长远心，慢慢往下修，慢慢往下做，慢慢往下走。修行就是一边修、一边做、一边走。

56　不立文字

学佛法不能爱面子

　　学佛法不能爱面子。爱面子，佛法不容易学好。

　　放下我们的面子。《金刚经》里提到无相："无我相、人相、众生相、寿者相"。如果我们老在意自己的观点，自己的面子放不下，别人不给面子，就会很苦恼。

58　不立文字

微笑

弟子：您为什么总是对人微笑？

师父：常常微笑，给人带来温暖和希望。

第二章
禅的人生智慧

自信自觉,自利利他;把握根本,不泥表相;
超越对立,当下安心;不执是非,勤修正行;
逆顺达观,解脱自在。

佛学及救世之仁

1912年孙中山先生就任中华民国临时大总统后,当时佛教界欧阳竟无、桂柏华、李证刚等七位人士,发起组织全国性的佛教会。当时的章程由欧阳竟无居士起草,呈报南京临时政府。孙中山先生看了后,立即给他回信,批准成立中国佛教会。1922年4月,由当时的总统袁世凯颁布《中国佛教总会章程》,成立中国佛教会,提出"保护寺产,振兴佛教"。1949年新中国成立后,中国佛教会迁到台湾,至今还在延续活动;大陆则于1953年成立中国佛教协会。

中国佛教会这个全国性的组织,跟孙中山先生有这么深的因缘,所以我今天到这里有很多感慨。当时是为了保护寺产,也是为了庙产兴学。现在我们佛教界寺产的合法权益,也是不断受到各方面的侵犯,主要是受到商业方面的侵犯。很多搞商业的人把宗教财产作为一个资产去开发、乃至打包上市等等。

一百年前,寺产要充公去办学校,和现在情况不一样,这一百年来发生了很大的变化。那时是要振兴佛教,我们现在也要振兴佛教，只是我们现在的社会跟一百年前的社会相比，已经发生了翻天覆地的变化。现在我们整个国家的国力、教育文化程度，与一百年前不可同日而语。

孙中山先生说过一句话："佛教乃救世之仁，佛学是哲学之母，研究佛学可补科学之偏"。他认为佛学是哲学之母，但实际上，现在佛学是在哲学下面。我觉得，如果有一天，孙中山先生这句话的精神进一步发扬光大，那佛学乃至中国传统文化会得到进一步的发扬光大。

爱因斯坦也曾经说过："空间、时间和物质是人类认知的错觉。如果世界上有一种宗教能够解答科学上提出来的疑问，这个宗教一定是佛教。"佛教、科学、哲学彼此之间的联系如此紧密，而非对立——佛教跟科学对立、佛教跟哲学对立，实际上，这三者关系非常密切。孙中山先生说过，爱因斯坦等科学家都曾说过。

印度佛教传入中国1100多年后，在广东出现了禅宗的六祖——惠能大师。从达摩祖师到六祖惠能，差不多经过了250多年，禅宗大兴。六祖惠能大师的《六祖坛经》影响非常大。

为什么能够影响这么大？因为什么人都能够读、什么人都能够读得懂、什么人读了后都能够受用。并且，我们中国的一个文化程度不高的出家法师，他的著作能够名为"经典"，和佛的经典有同样崇高的地位，由此可见非常了不起。佛教到六祖惠能大师这个时候，经历1100多年，可以说是完成了真正意义上的理论创新，所以，这是一个非常了不起的禅宗祖师。

禅宗从唐代以来一直都非常兴盛，影响着我们中国人的思想、生活以及社会的方方面面。禅宗很多教育人的方法，能够让人从自卑怯懦的性格中走出，进而在思想上得到提升，树立起成贤成圣、成佛做祖这样一个独立、崇高的理想。

"是心是佛，是心作佛"，每个人通过修行都能够成佛。黄檗禅师讲："佛即是人，人即是佛，语默动静，一切色声尽是佛事。"百丈禅师讲："但离妄缘，即如如佛。"这种"人成即佛成"的观点认为，人的本性中就具有佛性。它把中国儒家的"性善论"提高到一个最高的境界。

"性善论"要求每个人都对行为进行自律。因为内心善良，所以外在的行为才能够对人是有利的、对社会是和谐的，能够释放出正能量，对世界和平起很大的促进作用。禅宗的这种革新精神非常了不起，在这种思想指导下，每个人的价值都能够通过参悟、通过心性的觉悟来体现，而不是通过物来表达。

所以，佛教的教理教义能够很好地与儒家"性善论"的道德观念相结合，这样就能够把我们内在佛性的思想、内在性善的力量，外化到日常生活中，外化到语默动静、行住坐卧中，这是非常了不起的。从实现人生价值来讲，就是要把我们内在的善良本性、内在的佛性开发出来，那么我们就会很有智慧、很有慈悲心、很有大的愿力，那么人就能够慢慢成为大菩萨，自利利他。

我们在佛学的研究方面,近代以来基本是两种研究方法:一种是学术的研究方法,一种是信仰的研究方法。

学术的研究方法,主要是探究佛教在社会上存在的意义,在历史上变迁的过程、面貌,以及对现代人、现代世界的价值,然后逐步来转换,让更多人能够了解、认识到佛教作为传统文化的一部分,对现代人和现代社会是有用的。之后对佛教的历史、文献、知识进行研究。这基本上是学术界在做的工作。

就宗教界本身来说,出家法师或者居士对佛学的研究,主要是阐发佛教的教理教义,然后起到一个弘法的作用。我们到底要怎样弘扬佛法?要把佛教的教理教义弄清楚,才有办法来弘扬佛法。这个层面对佛法的研究,是以生命的体验、信仰的根本作为出发点和前提的。

也就是说，对佛教的教理教义要进行现代的诠释。所谓现代的诠释，就是要用现代的语言来解释、阐发，让现代人喜欢听，并且听了以后能够相信。

这样的话，我觉得学术角度的研究和宗教角度信仰的研究，能够产生很好的互补作用，能够让我们对佛教的研究更加全面、完整、深入。

68 不立文字

第二章　禅的人生智慧　69

自信自觉，自利利他

禅的人生智慧主要从下面五个部分来说明：自信自觉，自利利他；把握根本，不泥表相；超越对立，当下安心；不执是非，勤修正行；逆顺达观，解脱自在。

"佛"本身是觉悟的意思。觉者，觉悟的人，他的行为不仅能够自利，同时也能够利他。一个觉悟的人，肯定是有自信心的。惠能大师在《坛经》里说："人虽有南北，佛性本无南北""即心元是佛，不悟而自屈""菩提般若之智，世人本自有之，只缘心迷，不能自悟"。

菩提智慧，实际上每个人内心都具足，凡夫因为迷惑、无明烦恼，所以不能觉悟，需要靠善知识、靠法师们为我们点拨。太虚大师曾经说过："中国的古德每能豪迈不羁，直探诸佛诸圣诸祖的内证心源。"这是非常了不起的。

在《毛泽东的佛教文化观及其当代的价值》这篇文章里谈到：关于禅宗六祖的故事，毛泽东对担任秘书的林克说过许多次，他对惠能评价极高，特别赞赏惠能勇于革新的精神，说他不要教条、不要清规戒律，主张佛性人人皆有，创顿悟成佛说。一方面使繁琐的佛教简易化，一方面使印度传入的佛教中国化。这与毛泽东一生追求变革，把马克思主义原理同中国革命实践相结合的性格、思想、行为，有颇多相通之处。

释迦牟尼佛在世时，制定了很多戒律，比丘戒 250 条，比丘尼戒律 340 条。到中国之后，祖师们制定了很多清规。实际上，清规跟戒律不太一样，乃至有些是相反的。比如说印度佛教戒律说出家人不能垦土掘地，不参与农业生产；但到唐代时，马祖开丛林，百丈立清规，清规里说"一日不作，一日不食"，每天都要去劳动。原因就是因为我们中国以农立国，如果出家人不种地的话，会受到一些人的批评。

在印度是不一样的，当地的出家人都托钵乞食，诸如此类差别很大。包括寺庙里的好多礼仪本来都不是戒律里规定的，而是清规里规定的。这些佛门礼仪跟过去儒家的礼制有关系。所以唐代时马祖开丛林、百丈立清规，是非常重要的佛教制度创新和实践创新；惠能大师的《六祖坛经》是佛教的理论创新，非常有代表性。

希腊人把知识当作修养，近代人把知识用于物质财富的追求。培根曾经说过"知识就是力量"，一语道破近代西方文化精神的核心。"五四运动"以后，西方文化的精神、知识，对近代中国的影响很大，不知不觉，我们从过去注重智慧转变为追求拥有知识。

知识和智慧不太一样。所有的传统文化都注重体验、注重开大智慧。反过来说，我们现在可能懂了很多知识，但知识不能转变成一种自利利他的力量。也就是说，可能我们学的很多知识都不能应用。

《坛经》里还说："自心归依正，念念无邪见，以无邪见故，即无人我贡高，贪爱执着""内调心性，外敬他人，是自皈依也"。要培养人内心的善良、内心的正当，树立内心的正见。佛法非常注重正知见。正知见就是说见解和思想是正确的，这很关键。即自己的思想、自己对客观万物的认识是正确的，观点也是正确的。

如果我们对客观万物的认识有问题，最后我们的见解、观点也就有问题，导致行为也会有问题。佛法能够帮助我们树立一个非常正确的认识论，能够矫正我们的思维体系，让我们能够进行正确的思维。佛法在中国两千多年的历史当中，作用非常大。如果没有佛教，我们很多思维都很难成系统。

唐代有一个庞蕴居士，他的语录里谈到："凡夫共佛同，一体无有异，若论心与境，悬隔不相似。凡夫惟妄想，攀缘遍天地，常怀三毒心，损他将自利。"凡夫认为一定要损害别人才能够达到自利，那么佛是不一样的，"佛心常慈悲，善恶无有二，蠢动诸众生，心同一子地。六识空无生，六尘将布施，意根成妙觉，七识平等智""但说无上道，利他还自利，若能入理行，不动到如地"。

佛的心，"心同一子地"，佛怜悯慈悲一切众生，犹如是自己的独子一样平等。佛看到所有的众生，他的身语意三业都能够清净，都能够善良，无时无刻不用自己的智慧、慈悲来救助众生，哪怕一阐提的众生，他也去救度，这是非常了不起的。

74　不立文字

第二章　禅的人生智慧　75

庞蕴居士的另外一个颂里还说："但自无心于万物，何妨万物常围绕；铁牛不怕狮子吼，恰似木人见花鸟。木人本体自无情，花鸟逢人亦不惊；心境如如只个是，何虑菩提道不成。"

也就是说，无论在怎样的一个境界里，都是无分别心的，没有善恶是非的分别。人一落入到善恶是非，就会有对立，就是一种世间心，就是迷惑的根源。要做到我们内心里完全没有烦恼，只有无漏的智慧，纯粹都是善良。因为纯粹是善良的，所以任何的邪念、恶念都没有。这种心非常了不起，就是佛心，就是佛性的开显。

达摩、慧可、僧璨、道信、弘忍，一直到六祖惠能，各家各派禅宗的祖师，都是要培养人的自信自觉、自利利他的能力，这是禅的人生智慧的第一层。

把握根本，不泥表相

六祖圆寂的时候告诉徒众："后代迷人，若识众生，即是佛性。若不识众生，万劫觅佛难逢。"就是如果能够了解众生，那么就能够了解佛性。心、佛、众生，三无差别。如果我们不识众生，"万劫觅佛难逢"。也就是说，我们要成佛就需要度众生；要度众生最后才能够成佛。要帮助很多很多的人，最后自己的福德智慧资粮才能够得到累积。

在《坛经》里又谈到"菩提自性，本来清净，但用此心，直了成佛……外离一切相，名为无相。能离于相，即法体清净……于一切处而不住相，于彼相中不生憎爱，亦无取舍，不念利益成坏等事，安闲恬静，虚融澹泊，此名一相三昧。若于一切处行住坐卧，纯一直心，不动道场，真成净土，此名一行三昧。"

就是在我们的日常生活当中，行住坐卧之处，无一不是道场，都要保持我们的正直心、平等心、慈悲心。所以我们心要专于一行，名为"一行三昧"。就是我们常常讲的干一行，要爱一行；学习一行，钻研一行，要在这一行里有成就。

佛教的修行，是从我们内心的起心动念开始，乃至六根——眼、耳、鼻、舌、身、意。对外在的六境——色、声、香、味、触、法，都能够产生正确的认知。这是很重要的，不会乱攀缘。我们凡夫就不是如此，可能看到一个好看的，听到一个好听的，几个小时、几天乃至几个月不能忘记。另一方面，我们听到一些不好的话，看到一个不好的人、不好的脸色，可能几个月乃至几年都不能忘记。就是说，一个小小的外在境界能够影响到我们整个身心，让身心不能起一个正确的反应。

佛教里面有一句话叫"一尘不染"，这个尘就是六尘，色、声、香、味、触、法。无论哪一尘，只要六根去缘虑它的时候，被它染着了，就会带来痛苦。我们只有"一尘不染"才能解脱。六根就是人的六个工具，我们要透过这六个工具来认识外境，犹如照相机的摄像镜头，如果落灰尘了，对外界就认识不清，照片照出来就模糊，效果就不好。修行最难的地方，也是最需要下手的地方，就是在六根上。所以禅宗用各种各样的方法，让我们六根缘六境时不要产生执着。

禅宗的方法非常多，过去禅宗祖师掷一把斧子，或者拍拍手，或者吼一声、骂一顿，甚至把你揍一顿……都是常有的事，就是用非一般的教育方法引导人觉悟。

为什么会这样？就是要打破人的妄想，用非常规的思维状态，让我们妄想、烦恼的洪流止息。洪流止息以后，我们才能够步入正确的思维状态。所以，实际上禅宗所用的种种方法，就是要让我们止息妄想，然后对佛法的本意，对我们内心的佛和心性，能够多一分信仰、多一分虔诚、多一分尊重，让佛法的命脉在师父、弟子们的内心中延续、继承、发展。禅宗以心传心的法门，同时也影响到儒家、道家，影响到中华文化的传承，非常了不起。

超越对立，当下安心

过去儒家讲"仁爱之心"，佛教讲"慈悲之心"。慈悲和仁爱实际上是一致的。仁者爱人，儒家谈到的"爱人"与西方谈到的"爱人"意义不一样。佛教谈到的慈悲和儒家谈到的"爱人"，是没有前提的，所以都是非常了不起的。在这个时候，我们如何促进包括佛教与儒家在内的传统文化与时代同步发展，变得非常重要。

我们如何用佛性的思想、慈悲的精神，令内在得到解脱，内在能够自主、自在、自由——能够把佛法转化成解脱的力量也是非常重要的。我觉得佛法的自由、自在，远远要超越西方的自由。西方的自由往往靠外在的条件来诠释，比如人的文化知识不一样、皮肤不一样、性别不一样、年龄不一样、社会关系不一样，自由度就不一样。佛教里所谈的自由，完全是在我们内心中来显示。

现在的年轻人都喜欢新鲜的东西，如何让传统文化、佛教思想越学越有意思、越学越新鲜，不会让年轻人觉得传统文化的故事很过时、很陈旧、很遥远，这也很重要。如何让传统文化的思想和精神跟这个时代每个人的爱好、兴趣相结合，让具有规律性的文化和共性能够转变成大家都喜欢的个性化的东西？

犹如现在人用的手机也好，电脑也好，实际本质上都一样，但是它能够创造出非常多款式。人的衣服也是非常多款式，越来越个性化。如果佛教、传统文化能够把规律化的、共性的东西转化成个性的东西，可能就会让更多的年轻人喜爱。

《一个美国人眼中的龙泉寺》里解说的美国人，原来是卡特总统的法律顾问，他是做媒体的，也经常去龙泉寺，他做了这样一个短片，代表一个美国人、一个西方人对佛教的认识，这里面也能够反映我们今天所谈到的禅宗精神。

释迦牟尼佛创立佛教的目的是引导众生获得解脱、幸福和快乐。幸福、快乐、解脱的前提是要断除烦恼，要解决人的生老病死这些根本性的问题。这也就是佛教作为一个宗教，不同于哲学、科学的地方，它所要解决的是生命的问题：人从哪里来，到哪里去？要认识生命究竟的本意，外在是其次，是佛教在现实社会当中的一些作用。

如何让更多人正确地了解和认识佛教的本意？如何让大家对自己生命的价值能够更进一步、更深一层地关注？现在，可能大家越来越重视这方面的问题了。

惠能大师的著作《六祖坛经》两万多字，里面谈到惠能大师的出生、出家、悟道、说法等等，内容非常丰富。他从小没有读过书，不识字，后来听到人念诵《金刚经》开悟，一直到参访五祖大师，五祖大师让他舂米，随缘劳作，他都能够做到。

最后他作了"菩提本无树，明镜亦非台，本来无一物，何处惹尘埃"这样的偈子，得到了五祖的印证。"凡夫即佛""烦恼即菩提"……《坛经》里的这些记载活灵活现，体现了人性和佛性的一种相应。惠能大师临终时还勉励弟子们：不要像世间上的凡夫俗子一样哭泣，要有智慧，要有佛教的大悲心，而不堕落到世间一般人的情感中去。

我觉得，惠能大师的人生智慧，也就是禅的人生智慧的一个最真实的写照。透过日常生活的客观外境，透过人的生活经历，来说明人如何运用佛法的人间智慧来驾驭命运，重塑未来，活得越来越有意义。我觉得禅能够有这种力量，也有这方面的做法，可以让我们去学习。

《坛经》里说："无住者，人之本性。于世间善恶好丑，乃至冤之与亲，言语触刺欺争之时，并将为空，不思酬害，念念之中不思前境。若前念今念后念，念念相续不断，名为系缚""于诸境上，心不染，曰无念。于自念上，常离诸境，不于境上生心"，就是说外境不能染浊自己的内心。

《坛经》里又谈到说："外离相为禅，内不乱为定。外若着相，内心即乱；外若离相，心即不乱。本性自净自定，只为见境，思境即乱。若见诸境心不乱者，是真定也。"

唐朝的懒残禅师说："不朝天子，岂羡王侯，生死无虑，更复何忧。水月无形，我常只宁，万法皆尔，本自无生。兀然无事坐，春来草自青。"

唐朝无尽藏比丘尼说:"终日寻春不见春,芒鞋踏遍岭头云;归来偶把梅花嗅,春在枝头已十分。"

宋朝的虚堂禅师说:"一重山了一重云,行尽天涯转苦辛。蓦札归来屋里坐,落花啼鸟一般春。"

禅的人生智慧不是一套说教,也不是一套理论,而是自己在人生的过程中实践和参悟出来的,是经过自己实证的一种经验。它是从超越烦恼、超越对立、超越痛苦、超越分别、超越价值对立当中获得的,所以是非常了不起的。

世间有种种的纷争,就是因为有种种的对立。对立就是我们内心中,心跟心的对立、心跟物的对立、自己跟他人的对立,所有这些都是由我们的烦恼所引发的。

如果我们内心都是智慧,烦恼就起不来。如果我们内心都是慈悲,都是与人为善,那怎么会去害人?怎么会去损人?这根本不会的,完全不会。

不执是非，勤修正行

佛教对我们整个人生的智慧启迪有很大的帮助，无论是对佛教徒也好，非佛教徒也好。

西方的文化传统中，基督教占很大的比重。西方文化是通过宗教组织、教会，以及教会所创办的各种各样的基金会、公益组织，来支撑一种宗教信仰的文化。中国儒家文化提倡"万物并育而不相害，道并行而不相悖"。佛家、儒家都提倡包容，善于去吸收、接纳不同文化，这是东西方文化非常不一样的地方。

现代文化鼓励人向外追求，但是我们传统的文化是向内追求，自省、自觉、自信。我们既需要学习科学文化知识，同时也需要传统文化的积淀，需要传统文化的精神在我们内心当中生根发芽，这样人才不会迷失。传统文化包括佛教文化，与科学的精神是能够兼容的。

一种文化对一个民族、一个国家来讲，是非常重要的，是我们民族的标志。不同的民族是从不同的文化来体现的，不同的文化能够反映出不同民族的特征。在现在这个时代，包括佛教文化在内的中国传统文化，如何来重新重视人的行为价值及人本身的意义，我认为需要做更加深刻的思考。

在 15、16 世纪以前，价值成为西方文化的中心。西方的价值文化，在中世纪时通常认为人的价值从神那里来，人本身没有价值，现实生活更没有什么大的意义。

我们中国文化的价值来源于人的内心。来源于人的什么心呢？利他的心。如果一个人拥有很多知识、文化和经验，但是没有利他的心，不愿意去帮人，那他还是没有得到中国传统文化很好的涵养。

所以，怎样让我们在积累知识文化、提高能力的同时，内在的慈悲心、利他心也能够得到增长，我觉得很重要。反过来说，如果我们掌握了很多知识、技能，但是不仅没有利他的心，反而有害人的心，那么可能对一个社会、一个国家来讲，是不利的。

如何来开发利他的心？过去儒家讲："恻隐之心，人皆有之。"《论语》里谈：

"为人由己，而由人乎哉。"我们要体现和实现人生的价值，要靠自己的力量，而不是靠外面的力量。如何靠我们自身的力量呢？就要通过修为、修行，来实现人的价值。

西方文化注重思辨和逻辑，这种知识结构某种程度上说是为思辨而思辨；中国传统文化中，所有的思辨是为实践服务。在现代如何让传统文化的意识能够觉醒，让传统文化的价值、观念、思想，与时代精神和需要结合，让它活起来，非常重要。

儒家谈"性善""人可以成为圣贤"，禅宗主张"人有佛性、人能够成佛""放下屠刀，立地成佛"。《坛经》里谈到："迷人口说，智人心行"——迷惑的人只是嘴巴在说教，有智慧的人是内心在改变。通过内心的改变和发展，影响和改善我们外在的行为。《坛经》里面又谈到说："菩提只向心觅，何劳向外求玄""心迷法华转，心悟转法华""道由心悟，岂在坐也"。所有这些都呼唤回归我们内心的觉悟，培养内心觉悟

的力量。

譬如,我们在大学里,如果真的想好好读书,那么大学里有很多很有造诣、学术成就很高的老师,也有很多图书,可能四五年下来就能够学到很多东西。哪怕只用一个春夏秋冬,都能够读很多的东西。

而如果一个人没有愿心、不想读书的话,那再好的环境、再好的老师,一样读不进去,因为这个人没有真正想要去好好读书。

逆顺达观，解脱自在

读书、工作、生活、修行，都跟我们的心有关系。我们一下子发了大心、发了菩提心，就是很了不得的事。如果没有这种心，光靠外在条件来辅助是永远不够的。反过来说，我们内心的誓愿一旦确立，菩提大愿发出来，内心有了力量，外在条件差一点也能过，并且能过得很好。

实际上一个人所需要的物质很少，物质力量对我们的帮助很有限；但我们对精神领域的追求是永不满足、无有穷尽的。然而有不少人忘记了向内心开发宝藏，向精神领域去追求财富，反而把所有的时间和精力转化成为对外在物质财富的追求，本末倒置。

就是说，外在的物质和力量，是来更好地辅助养成我们的内心的，这才是一个健康的、幸福的人生状态。人都要追求更好的生活，而更好的生活是属于精神领域、内心世界的事情。

在南北朝达摩大师的《四行观》里有：一、报冤行；二、随缘行；三、无所求行；四、称法行。僧璨大师的《信心铭》里有：

"至道无难，唯嫌拣择，但莫憎爱，洞然明白。毫厘有差，天地悬隔，欲得现前，莫存顺逆，违顺相争，是为心病……梦幻空华，何劳把捉，得失是非，一时放却。眼若不眠，诸梦自除，心若不异，万法一如。"

《坛经》里说："佛法在世间，不离世间觉，离世觅菩提，恰如求兔角。正见名出世，邪见名世间，邪正尽打却，菩提性宛然……不离见闻缘，超然登佛地。"

我们中国人，包括禅宗的祖师大德们，他们的著作和思想，不是用逻辑、文字架构表达的。反过来说，这些禅宗的思想都是有意识地隐藏在文章里。用佛教的话来讲，就是遮诠——不明显的表达。

但我们可以发现，西方的哲学家、思想家的著作里，思想脉络非常清楚，但是中国的哲学家、思想家、佛学家，尤其是禅宗的祖师大德们不一样，你必须要去悟。不去悟的话，不容易发现文字内在的逻辑关系，这就是体验文化和非体验文化的不同。

我们中国的传统文化，包括禅宗的精神、儒家文化等，都是非常了不起的。比如说汉学讲究"我注六经"，到宋学的方法就是"六经在注我"，佛教里说"契理契机"，都非常了不起。

刚才我们说过，《坛经》里面谈到"心迷法华转，心悟转法华"，这是非常了不起的。就是说，如果我们的见解都跟佛一样的话，那我们说出来的话，带给人的利益跟佛是一样的，别的宗教不会有这种观点。在这种观点上，佛家、儒家是一致的。

佛教能培养我们树立很好的人格，培养我们很好的思维方式，培养我们深刻思考的能力，同时又引导我们发大愿，以拯救天下苍生为己任。同时，要在日常生活中，未来的人生中，脚踏实地加以落实，那我觉得，这就是禅的人间智慧。

禅学十四问

问题 一 我有一个问题是关于佛教禅宗的善恶之分,我不大清楚他们是没有善恶之分,还是说他不执着于善恶?因为如果没有一个善恶分辨之心的话,对社会上的一些现象就会置若罔闻。想问法师,您怎么理解这个问题?

学诚法师 佛教里所讲的善恶是从内心来判断的,外在的善恶是指这种行为以及行为所引发的结果,是对社会来讲的善跟恶。

我们看到了善事善人、恶人恶事,很容易产生分别心。比如说可能一个人是好人,他做一百件好事;可能做一件错事、恶事,但是你可能就看到这件不好的事,从而认定这个人是恶人。

反过来说,可能一个人做了九十九件坏事,你可能看到这个人做了一件好事,那么你认为他是好人。这就是说,我们很容易根据一个人的某一个行为,给他下结论,从而很难准确认识。

如果我们内心有了佛法的力量后,对所有人所做的事,才会有一个正确的标准来看待和判断,对人对事的分寸才能把握得住。

问 题 二 学诚法师您好！我知道很多人想皈依佛门，好像好多人把皈依佛门和出家画等号。皈依佛门是进入这个境界，佛门里面不仅仅有出家人，还有许多的非出家人，出家人只是学佛 N 种方式其中之一，是这样吗？

学诚法师 你的理解很正确。

问 题 三 请问法师，普通人要生起出离之心，在生活中修行，能够达到禅宗的一些境界，获得心灵的平和，产生菩提心、清净心，这里除了个人的修为以外，从佛理禅机来讲，是否有些什么样的解释。请教法师！

学诚法师 佛法包括了五乘的法，人法、天法、声闻法、缘觉法、菩萨法。人法和天法，实际就是世间的善法。他告诉你日子怎么越过越好，一辈子比一辈子好，人越来越善良、越来越智慧、财富越来越多、当官越当越大。这个实际上完全是世间法，但佛教里也告诉我们怎样才能够做到。

那么二乘法——声闻法和缘觉法,是培养人的出离心的。实际上我们在社会上要有出离心是很难的。你如果真的有出离心的话,你对社会生活就没有兴趣了。那么禅宗告诉我们从人一直到菩萨,在世间不离世间觉,在世间修行、工作、奉献,也在世间觉悟。

但是,我们出家人要遵守二乘声闻缘觉的戒律,就是跟世间上人的行为是有界限的,这也是很多人不容易理解汉传佛教,而且不容易做到的地方。

对居士来讲,你要生起出离心,是很难很难的。不是说一点都做不到,而是你只能做到一点点,因为这不是很容易的事。你天天在五欲六尘的社会里生活,怎么能够出离呢?你不跟人家接触,怎么工作、怎么生活呢?我认为很难。

问题四 我初学佛法,一直闭门造车,不知道怎么才能正确地走上学佛之路,请法师开示。

学诚法师 学习佛法,自信自觉要与自律相结合，必须要培养我们内在自我约束力。如果我们一个人有自信、能自觉，但不能体现在外在行为的自我约束上，那学佛法就不对路。我们学佛法不是说好像搞个沙龙一样，学学好玩，必须跟我们人的生命有关联。

所以必须能非常明确地去判断，哪些可为、哪些不可为，哪些应该做、哪些不应该做。我觉得这个很重要，要有很强的自我约束能力。

什么叫觉？什么叫迷？迷了就不知道，不知道就会乱做。觉悟了就知道了，知道了以后就不会乱做。

问 题 五 请法师开示对活在当下的理解。

学诚法师 每个人都是活在当下，如果不活在当下就死了。

问 题 六 如何在日常生活中保持定的状态，心不随境转？

学诚法师 心不随境转，人的功夫就在这里。因为人很容易随境转，我们认为外在的环境有好的、有不好的，会去追求好的、厌恶不好的。认为这些好的能给我们带来快乐幸福；不好的会给自己带来痛苦不幸。所以内心当中就有这样的一个善跟恶、好跟不好的判断。

　　实际上，外在所有的顺境、逆境都是会互相转化的。比如说我们吃一个东西，你如果觉得它好吃，天天吃也会觉得不耐烦；如果说这个东西好玩，天天玩，时间长也会觉得不耐烦。

　　所以外在的物质本身没有好坏之分，也没有善恶之分，所有的善恶、是非、美丑，都是从内心加上的一个价值判断。我们自己承认了这种观点以后，采取一些行为，受到行为结果的影响，那我们的内心就不容易"如如不动"。

　　反过来说，我们知道这些东西都是世间名言法的概念，应该有更高价值的超越，这就是佛法的观点。

问题七 法师,我有幸在北京和一些博士做过义工。我来自澳门,今天赶过来,替我往生的公公问个问题。他是一个少见的好男人,非常儒雅,照顾婆婆13年,自己得了肿瘤,当时他说:"我这么善良,这样的守法、爱家、尽责,为什么得这种病?"

学诚法师 佛教里面没有说好人不会生病,好人一样会生病,佛也会生病。一个人得了肿瘤,也不是因为你做了好事得肿瘤。

如果说因为人做了好事会得癌症或肿瘤,那世界上谁还去做好事?也不能说一个人做了好事,他就不会得肿瘤。因为得肿瘤有得肿瘤的原因,比如说各种各样的诱因,造成这样的结果。

再比如说一个人,可能几十年都做好事,但忽然一天,他在街上走路,可能被汽车撞死。也就是说,他没有想去损害别人,但是驾车人昏了头,损害了他。所以不能说一辈子做好事就不会被汽车撞,只有走路的时候更加小心才行。总之,不能把这些不相通的因果联系到一起,这是不对的。

问题八 尊敬的大和尚，想请问如何对治分别和妄想？通过每天静坐，我的妄想减少了，但偶尔在跟人事物接触的时候还会有分别。就是明知道觉照这颗心，理上明了，但遇到事情还是转不过来，如何来对治？请大和尚开示！

学诚法师 释迦牟尼佛成佛以后第一句话就说："奇哉，奇哉！一切众生，皆具如来智慧德相，但因妄想分别执着而不能证得。"因为人有妄想，所以就会分别，就会执着。分别就是认为哪些好、哪些不好，然后再执着哪些好、哪些不好，所以我们就痛苦。

痛苦的根源，就是因为执着。所以佛教让我们觉悟，让我们放下执着。那么"理可顿悟，事需渐修"。"理"你可能一下子明白，但事情要一点一滴做，修行要一点一滴修，不等于说你道理明白了，你在事上面就能够做到。"事"必须是渐修的，一点一滴修，一点一点做，一步一步努力。

第二章　禅的人生智慧　101

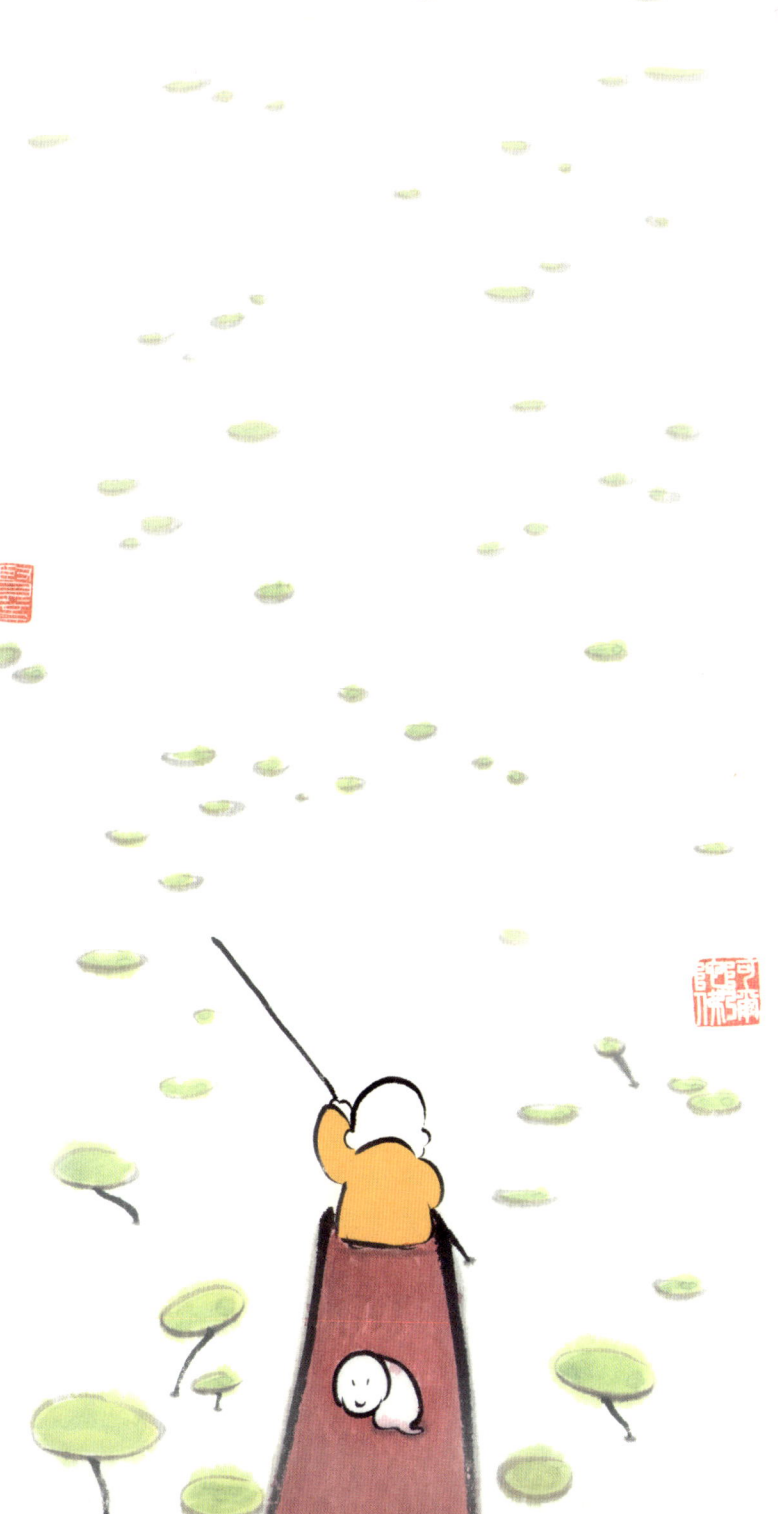

问 题 九 学诚法师您好！我今天问的问题是执着和坚持的差别。有人说坚持的就是对的，执着的就是错的，他们对象有本质的差别，可是我们如何能够分辨哪些是对的，哪些是错的？有一些大是大非的问题，界限可能很容易分别，但是世间的很多事情——关系、感情……都很微妙，作为一个凡夫俗子如何分别？

学诚法师 可能你对我们佛法里谈到的"执着"和"分别"，和社会上面所谈到的"执着"和"分别"理解上有偏差。什么叫做执着？比如说万能胶，你把它粘住就掉不了，就是我们内心当中，通过我们的眼睛、耳朵等六根，接触到一个境界，永远去不掉，这个就是一种执着的力量。

分别是什么意思呢？分别有两种：一种是正分别，就是正确的分别；一种是虚妄的分别，就是错误的分别。错误的分别什么意思呢？比如说我们看到一支笔，这是圆珠笔还是钢笔？是铅笔还是毛笔？你把它认知清楚，这是一支钢笔，这个认知就是正确的。

你如果把一支钢笔说成一支毛笔，这种分别就是错误的。

但是人有时候执着在什么地方呢？我们会认为说这支钢笔是什么牌的，这支钢笔可能会值五万块钱，或者可能只值两块钱，那么，你把五万块钱的钢笔丢掉，就很难受，可能几天几夜睡不着觉；如果两块钱的笔丢掉，就觉得无所谓。

但从笔本身来说，两块钱、五万块钱的笔一样，都是用来写字的，本质意义一样。但是我们仍然很难受，原因就是你从物质价值来看待它，所以就会分别、执着、难受。

问 题 十 现在有很多认识的前辈喜欢劝人学佛，但其实他们所表现出来的行为并不很如法，那你觉得他们这样劝人学佛，到底是对人家有帮助还是没帮助呢？

学诚法师 我觉得这不能一概而论。就比如可能父母都劝小孩好好读书，但有时候劝可能起正面的作用，有时候劝也会起反作用，都有可能。因为他会有逆反心理。

同样如此，可能有时候劝人家学佛，他反而不学了，也是有可能的。所以我觉得劝人还是需要有智慧、有方法。否则可能会起反作用。譬如一个医生，不能看到人就说：你有病，我给你治病，可能对方会很反感。但是人家真的生病了去找你的话，你肯定要好好给人家看。

问题十一 学诚法师您好，读经产生妄念，怎么读妄念比较少？

学诚法师 读经的时候产生妄念，是正常的，不可能说谁读经都没有妄念，不太可能。

怎么读妄念会比较少？首先，一次不要读很长，就读半个小时，或者只读一卷经；另外，不要着急，一个字一个字读，一句一句地读，把它读得清清楚楚、分分明明。你读得清清楚楚，也听得清清楚楚，那么妄念就会少。

问题十二 请问佛教讲的阿赖耶识、第八识怎么理解？

学诚法师 我过去用了很长时间来研究阿赖耶识，它用一句话、两句话很难讲清楚。人的识，在眼睛名为眼识，在耳朵名为耳识，在鼻子名为鼻识，在舌头名为舌识，在身体名为身识，在意念里名为意识，意念的根名为末那识，最后还有一个阿赖耶识。

所有这个识都是我们内心的一种分科，就如医院有内科、有外科、有神经科等，也像大学里有这个系、那个系，加起来成为一所大学。我们的心也是一样，按照功能，把心分成八个部分。

阿赖耶识最主要的功能，就是一个人一辈子或者前辈子、再前辈子，无量生无量劫无量世以来，做的这些事它能够保存。就如电脑的硬盘一样，它们全部帮你存储，条件到了之后它能够输出、能够提取，提取之后能发挥作用。阿赖耶识最主要就是起这个作用，就是你做过的事情全部记在心里，最后你要的时候能够提取出来。

106 不立文字

问题十三 佛法如何看待灵魂的存在？

学诚法师 如果从佛法本身来讲，佛法是不承认有灵魂的，经里面都没有谈到灵魂。灵魂是在世间的人谈，谈灵魂、谈魂魄。从佛法本身来讲，谈心识，不谈灵魂。

问题十四 请问法师什么是正知正见？

学诚法师 正知正见是根据佛法的标准来判断的。如果从世间的标准来判断，那跟佛法的判断是不一样的。

佛法的道理有两种：一种是俗谛，一种是真谛。所谓俗谛是世间公认的道理，它也是一种真理。真谛是特定对佛教徒来说的，这种道理它名为真谛。不能把这两个道理混为一谈。

第三章
念佛还是参禅

参禅与念佛,是两种了脱生死的方法,
参禅的最高境界是见性成佛;
念佛的最高境界是证入自性弥陀。

禅并非佛教独有

禅,并不是佛教所独有的,世尊未出世以前,印度就有了禅。古印度非常重视禅定的修习,不仅外道、俗人修习禅定,出家追求解脱之道的各种沙门团体,也重视禅定的修习。这与中国人注重现实生活的习惯大有不同,中国人重视传宗接代、养子防老,享受天伦之乐。

释迦牟尼佛出家前是位尊贵的太子,为了追求真理,舍去王位,出家修道。他首先拜访了阿若罗迦蓝和郁陀罗迦罗摩弗仙人,这两位仙人是当时印度婆罗门教中修习禅定最有成就的。他们修的是无想定和非想非非想处定。太子很快就达到了这种境界,可惜还不能解除他心中的迷惑。于是,太子离开了二位仙人,来到雪山,经过六年苦行,还是不能彻底觉悟宇宙人生的究竟真理,他深深地意识到过分苦行对于解脱生死并非有益。

于是,他迈着疲惫不堪的步伐来到尼连禅河,以清净的河水洗涤身体。太子沐浴后,更觉筋疲力尽,静静地躺在岸边。这时,恰好有位难陀波罗童女在河畔的草原上牧牛,放眼河边，见到一位瘦弱无比的年轻沙门卧倒在岸沿。牧女顿发同情之心，双手捧着牛乳前来供养这位沙门。

太子接受了牧女的牛乳供养后，体力、精神渐渐恢复，十分欢喜地来到尼连禅河东岸的伽耶山，在伽耶山四周漫步。他忽然看见一棵繁茂的菩提树，树下有个金刚宝座，宝座上留下了许多求道者修定的痕迹。于是，太子以无比喜悦的心情在金刚宝座上结跏趺坐，并发弘大誓愿："我今若不证无上大菩提，宁可碎此身，终不起此座。"

太子在菩提树下静心思维，并降伏一切恶魔的扰乱，终于在一天夜晚，目睹明星，大彻大悟，见性成佛，创立了佛教。

世尊成道后，有一天，在灵山会上为众弟子说法，大梵天王手捧金色优钵罗花供养世尊，世尊观察到弟子们的根机已经成熟，就随手拈来一根，举起示众。智慧第一的舍利弗等诸大弟子都不会意，唯独头陀第一的摩诃迦叶微微一笑。这时，世尊点头称是，并郑重地对摩诃迦叶说："我有正法眼

112　不立文字

藏，涅槃妙心，实相无相，微妙法门，付之于汝。"佛教中也曾记载世尊让半座给迦叶尊者，以示对其禅悟境界的肯定。

这段故事出自《大梵天王问佛决疑经》。乍听起来，非常的简单而不可理解，其实这是一种禅意，一种以心印心的高超境界。

佛教的出世禅与世间禅有本质区别，佛教的禅是与智慧相结合的，修禅的目的是为了开启智慧，世间人和外道修禅更多是为了享受人天福报。

《占察善恶业报经》卷下说：若修学世间有相禅者有三种，何等为三？一者，无方便信解力故，贪受诸禅三昧功德而生骄慢，为禅所缚退求世间。二者，无方便信解力故，依禅发起偏厌离行，怖怯生死，退堕二乘。三者，有方便信解力，所谓依止一实境界，习近奢摩他、毗婆舍那二种观道故，能信解一切法唯心想生，如梦如幻等。虽获世间诸禅功德，而不坚着，不复退求三有之果。又信知生死即涅槃，故亦不怖怯，退求二乘。

又云：如是修学一切诸禅三昧法者，当知有十种次第相门，具足摄取禅定之业，能令学者成就相应不错不谬。何等为十？

一者，摄念方便相。

二者，欲住境界相。

三者，初住境界分明了了，知出、知入相。

四者，善住境界，得坚固相。

五者，所作思惟方便勇猛，转求进趣相。

六者，渐得调顺，称心喜乐除疑惑信解，自安慰相。

七者，克获胜进，意所专者，少分相应，觉知利益相。

八者，转修增明，所习坚固，得胜功德，对治成就相。

九者，随心有所念，作外现功德如意相应，不错不谬相。

十者，若更异修，依前所得而起方便次第成就，出入随心，超越自在相。是名十种次第相门，摄修禅定之业。

代代相续的禅宗史

从释迦牟尼佛传法，二祖摩诃迦叶直到第二十八代达摩祖师，禅宗代代相续，发扬光大。达摩祖师远观震旦众生根机明利，适应禅修法门。所以，发菩提心克服种种困难险阻来到中国，当时，信奉佛教的梁武帝得知消息，心花怒放，谕请达摩祖师进宫弘法。达摩祖师应请来到皇都——南京。

梁武帝问道："请教大师：我一生精勤建造寺院、度人出家修道、书写佛经、广作佛事，不知有多少功德？""毫无功德。"达摩祖师毫不客气地回答。

梁武帝听后，十分不悦，以深为不解的语气说："我做了这么多好事，你竟敢说我没有功德，这是什么道理？""你所做的事业都是有漏功德，仅是人天福报，轮回之因，并非解脱之德。"达摩祖师用缓慢而又慈和的语气，为梁武帝解释。

然而，固执不已的梁武帝依然不能觉悟。达摩祖师深知话不投机，于是离开了南京，来到河南少室山，用心潜修，弘扬禅法。整整经过九年，才遇到一位真正为法忘躯的修道人，这位修道人，就是中国禅宗的第二代祖师慧可大师。

慧可大师得知从印度来了一位得道高僧在少室山面壁坐禅，经过千山万水来到少室山，找到了达摩祖师。然而，达摩祖师依然面壁不动。

慧可大师为了求受达摩祖师的禅法，在离达摩祖师不远的雪地上长跪七天七夜，达摩祖师终于启口："你这是何为？""为了求法。"慧可恳切地说。"就凭你这样，就可以求到禅法？等到天上下红雪，也不能求到。"达摩祖师用考验的语气对跪在雪地上的慧可说。慧可大师心想："天上怎么会下红雪呢？"思量间，他毅然决定砍断左臂，鲜血染红了白雪。

达摩祖师终于找到了禅法的接班人，就问："你要求何法？""我要求安心法门。""将心拿来，我为汝安。""觅心了不可得。"慧可大师想了想说。"好，我已为汝安心竟。"这时慧可大师豁然开悟。

达摩祖师在传法之前,曾五次有人暗害他,都没有害死,到第六次的时候,才被害死——只履西归,说明了祖师的法缘已尽。

从达摩、慧可、僧璨、道信、弘忍,一直到六祖惠能大师,每次为了传授衣钵,都有一番惊心动魄的场面出现。僧团里个别烦恼深重者,为了承接衣钵,绞尽脑汁,以期达到目的。而从净土宗的历史来看,就未曾发生过这些问题。

118　不立文字

禅净实则不二

在中国，净土宗的历史早于禅宗。早在东晋时代，慧远大师在江西庐山提倡念佛，求生弥陀净土。当时，共有123位社会精英、知识分子来参加结社念佛。到了唐朝，净土法门达到前所未有的兴盛，其他宗派也相继成立。

在禅、净、密、律、性、相、台、贤八大宗派里，禅宗、净土宗、律宗、密宗比较注重实践。当然在重视实践的过程中，也不能忽视教理的研究；三论宗、唯识宗、天台宗、华严宗比较注重理论研究，重视理论也并不意味着不需要实践。

"南无阿弥陀佛"是无上真言。如果将"阿弥陀佛"圣号念到一心不乱，也就是禅定的最高功夫。

唐朝时期，八宗的界线比较分明。从各宗的理论、实践上，都可以得到分辨，每个宗派都相继出现了许多祖师。当时的出家人精进用功，彼此交谈的都是修道上的事情。

唐朝末期，佛教惨遭唐武宗的灭法，各个宗派的主要经论都被销毁，出家人很难找到佛经，于是遁迹深山潜修。因为缺乏理论引导，禅、净渐渐融为一体。宋代永明延寿禅师用四首偈子，讲述净土和禅宗的关系：

第一首偈："有禅有净土，犹如带角虎，现世为人师，来生作佛祖。"

第二首偈："无禅有净土，万修万人去，但得见弥陀，何愁不开悟。"

第三首偈："有禅无净土，十人九错路，阴境若现前，瞥尔随他去。"

第四首偈："无禅无净土，铁床并铜柱，万劫与千生，没个人依怙。"

印光法师对此解释说：有禅者，即参究力极，念寂情亡，彻见父母未生前本来面目，明心见性也。有净土者，即真实发菩提心，生信发愿，持佛名号，求生西方也。倘参禅未悟，或悟而未彻，皆不得名为有禅。

倘念佛偏执唯心，而无信愿，或有信愿，而不真切，悠悠泛泛，敷衍了事。或虽精进，心恋尘境；或求来生生富贵家，享五欲乐；或求生天，受天福乐；或求来生出家为僧，一闻千悟，得大总持，宏扬法道，普利众生者，皆不得名为有净土矣。

122 不立文字

有谓无禅无净,即埋头造业,不修善法者,大错特错。夫法门无量,唯禅与净,最为当机。其人既未彻悟,又不求生,悠泛修余法门,既不能定慧均等,断惑证真,又无从仗佛慈力,带业往生,以毕生修持功德,感来生人天福报。倚福作恶,即堕地狱,欲复人身,难之难矣。没人依怙,犹局于偈语而浅近言之也。大师恐世不知,故特料简,以示将来。

禅不可随便乱说

当今社会上个别作家对佛教仅仅一知半解,可写的关于"禅"方面的著作层出不穷。尤其是一些练气功的人,也披着禅的外衣,来达到某些目的。所以,人们对禅误解越来越深。

其实,禅是不可以随便乱说的,说错了话罪过很大,要负因果责任。在丛林里,我们常常听到野狐禅的故事。唐朝百丈怀海禅师每当说法时,总有位老人聚精会神地听讲,禅师感到很奇怪。有一天,禅师说法后,那老人没有离开,禅师就问他:"你是哪里人?"

"我不是人,是野狐精,远在迦叶佛时,我是一位比丘,有人问我:'大修行人落不落因果?'当时,我没考虑就回答说:'不落因果。'就因为说了这句错话,五百世堕为狐狸。今天,请求大师开示解脱之道。"那位老人极其悲哀地说。

百丈禅师听后说:"你把刚才所说的问题重复一遍。"那老人便道:"请问和尚,大修行人还落因果否?"百丈禅师答道:"不昧因果。"那老人言下大悟，即礼谢道："今承和尚代语，令我超脱狐身，我在后山岩下，祈和尚以亡僧礼送。"第二天，百丈禅师在后山石岩下，果然以杖挑出一头死狐，便用亡僧礼将其化葬。

所以，我们平时对于来问禅的人，要有认真的态度，绝不可以胡言乱语，违背佛法的本义。自己不是上根利智，又没有禅定的境界，如果不假思索、言语随便，不但不能让众生得到佛法的利益，反而容易招惹他人诽谤三宝之罪。

冬天很冷，唐朝丹霞禅师曾把大殿里的佛像劈碎烧火取暖，此事被寺院的僧值师看到，莫名惊诧，问道：

"你怎么可以把佛像拿来烧火呢？"

"我在烧舍利。"丹霞禅师说。

"佛像是木头做的，哪能烧出舍利呢？"僧值气愤地说。

"既然烧不出舍利，那怎么可以说是在烧佛像呢？其实，我是在烧木头啊！"丹霞禅师边烧边说。

丹霞禅师是有成就的祖师，一言一行都包含着无限的禅机，他的禅定功夫很深，已经达到没有执着的境界，所以才敢这样做。如果我们拿佛像来烧火，无疑就等同犯了出佛身血罪，必将堕落阿鼻地狱。

古代那么多的禅宗公案，都是禅师观见求法者的机，才利用这种特殊法门的，不是我们一般人随时随地可以仿效的。譬如病人，如果不懂药物的疗效性，随便服用，不但不能医好病，有时还可能中毒身亡。所以，禅宗这种高超的法门，不是中下根的人所适宜修学的。

破无明壳，竭烦恼岸

那么，禅净二者，到底分开修好？还是双修好？

在我国众多道场中，各有各的家风和修法。有些道场很严格，在禅堂里绝不允许念佛，如果念佛一声，罚洗禅堂三天。有些念佛道场，不许看净土以外的典籍，更不可以谈禅。也有一些禅净双修的道场，既有持名念佛时间，也有静坐时间。

虚云老和尚说："参禅与念佛，在初发心的人看来是两件事，在久修的人看来是一件事。参禅提一句话头，横截生死流，也是从信心坚定而来。若信心坚定，抱着一句话头参去，且待茶不知茶，饭不知饭，功夫熟处，根尘脱落，大用现前，与念佛人功夫熟处，净境现前是一样的，至此境界，理事圆融，心佛不二，佛如众生如，一如无二如，差别何在！"

在《竹窗随笔》里，记载着一段"禅净相争"的故事：一天，有位参禅的比丘和一位念佛的比丘在路上相遇，一路同行谈论佛法。两人谈着谈着，争论起来。

参禅的比丘说:"本来没有佛,有什么可念的。我连佛字都不爱听,你还谈什么佛?"

"《阿弥陀经》上不是明明说:'西方有佛,号阿弥陀。'《楞严经》中也说:'忆佛念佛,现前当来,必定见佛。'怎么能说没有佛呢?"

一个说有佛,一个说无佛,争论不休。这时,恰好一个少年经过,听到他们争论,就说:"二位师父所说的,都如徐六担板,只见一方啊!"意思是说,他们两位各执一边,一个执有边,一个执无边。二位比丘听了,厉声呵道:"你这凡夫俗子,知道什么佛法,也来多嘴?"

"我的确是凡夫俗子,但我也有一些平常的经验和见识。我是一名戏曲演员,在戏台上,有时扮演君主、有时扮演大臣、有时扮演百姓、有时扮演乞丐、有时演男主角、有时演女主角、有时演善人、有时演恶人……这些现象,你说它无,而在戏台上演的曹操像曹操,刘备像刘备,却实实在在是有；说它有，演员戏装一脱，刘备就不是刘备，曹操也不是曹操，实际上又是没有。所以，无是有的'无'，有是无的'有'。戏台上的有无、真假都了不可得，只有本来的自我依然存在，并不因为扮演各种角色而改变。你们如果懂得各自真我存在，还争什么呢？"

两位比丘听了这位少年演员颇有悟性的一席话，无言以对。从这个故事，大家应该体会到不管外在环境如何变化，我们的佛性是常住不变的。虽然各人外表千差万别，但本性并无两样。参禅也好，念佛也好，目的都是为了对治烦恼，获得解脱。因为众生的根性各不相同，修行的法门也就有差别。比如，南方人爱吃米饭，北方人喜欢吃面条。吃米或面，都是为了充饥止饿。当今是文化、宗教大汇合的时代，不可以存心去排斥其他的宗派或学说，否则，就在无形中把广大的众生推到自己的对立面。

禅与净，从根本上来讲，是无二无别的。《大宝积经》里说："求无上菩提之人，应修念佛三昧。……若人称念阿弥陀，即是无上深妙禅。致以想象见佛时,即是不生不灭法。"

参禅与念佛,是两种了脱生死的方法。参禅的最高境界是见性成佛;念佛的最高境界是证入自性弥陀。所以,念佛也好,参禅也好,主要目的都是为了断除生死的根本——无明烦恼,圆成佛果。

烦恼是我们轮回生死的根本。参禅是用无念的方法降伏烦恼,使我们不生起任何一个念头,无论善念、恶念,都不让它生起。参禅要参话头,参父母未生前的本来面目是谁等,以此降伏一切妄念。

念佛的目的也是为了降伏一切妄念。我们要把恶念转成善念,染念转成净念。憨山大师在《梦游集》里告诉我们念佛要特别注意五点:

第一、要发决定志。我们一定要发愿达到一心不乱。如果在修行转念的过程中,妄念来了,没有力量转化,说明自己没有信心与愿力,这就不叫发决定志。

第二、要放下。发了愿后,务必放下一

132 不立文字

切万缘,如果连鸡毛蒜皮的事情还时时刻刻缠绕于心,可谓愚蠢之至。

第三、要随缘。诸位有幸遇到这样殊胜的"佛七",必须随缘参加,一心念佛。对于那些不是个人意志所能改变的现实,我们也要随缘。因为整个世界是众生共业所感,不是某一个人创造的。所以,五浊恶世并非靠某一个人的力量所能转移的,要靠大家精进修行,以共同的净业,才能改变五浊恶世为清净佛国。如果个人改变不了,只有随缘,才不会苦恼。否则,就会天天生活在痛苦烦恼之中。

第四、要认真。我们不仅在念佛七时,要认真念佛,平时也应该保持佛号绵绵密密,连续不断,这样才是一心念佛。

第五、要厌苦。娑婆世界充满着种种痛苦,如果觉察不到痛苦的本质,反而以苦为乐、作茧自缚,心甘情愿在六道中轮回,这是对现实世界的一种错误认识,是无明烦恼深重的结果。透过佛法来认识世界,觉悟这个世界是五浊恶世,发起真正的出离心,才能专心念佛,求生净土。

第四章
佛法与人生

佛法所要解决的,就是生命这一根本问题。

生命的价值

佛法是修证上的一种境界，没有办法用语言表达清楚。既然不能表达清楚，又要来说，这只是一种方便，是为了使大家从道理上有所认识。佛法所要解决的，就是生命这一根本问题。

对于生命，首先要说，人的生命并不是父母生育我们的那一天才开始的，生命是无始无终的，它是久远以来就存在的。可是一般人只能感受到今生的存在，却不明白有前生、也有后世。今生能做人，说明在过去生中我们造了做人的业。作为人类的一员，每个人又各有不同，有男女、贫富、聪明与愚痴等千差万别，这些都与我们前生造业有关。

所以，虽然同样都是人，因为过去生中造业不同，致使今生每个人的生活环境不同、境遇不同，人生的追求也不同。比如生活在偏远地区的人们经济落后，大多数人在单调中度过一生。而生活在大都市里的人们，各方面都很发达，人们的生活方式也就多种多样，人生观、价值观也因而千差万别。

在人生的过程中，怎样生活才是最真实、最有价值的呢？以佛法的观点看，只有按照佛法的道理去生活才最有价值。因为比较世间的各种道理，佛法的道理最究竟，我们只有按照最究竟的道理生活，生活才会最真实、最有意义。如果我们不明白生活的道理，只是盲目地生活，那同禽兽又有什么区别呢？

修行从孝顺开始

现代社会有种说法：做好人吃亏，易受人欺负。原因就是现在人的贪、嗔心日益加剧，比如一些家庭，兄弟姐妹之间都闹着要分家，做父母的虽然一心想使大家和睦，却无能为力。因为每个人考虑的都是自己的利益，而不愿多为别人着想。

在古代，以儒家思想为传统的家庭，一家人之间都很有规矩。比如吃饭时坐座位，先长辈、后晚辈。如果长辈没有吃，晚辈是不敢先吃的。有了这样的规矩，一家人才容易上敬下和、和睦相处。而现代人的家庭，别说一家人很有规矩地坐在一起吃顿饭，就是不讲规矩，一家人能凑齐吃饭也很难。

因为大多数的人都各忙各的、各顾各的，应酬多了、交际多了，唯独顾家的时间少了。家庭的建立是为了安顿，如果没有了安顿感，家庭的意义就不复存在了。现代家庭不和睦的多、不孝顺父母的多；离婚率高，有婚外恋的多，种种内忧外患都是我们贪、嗔心加剧的直接反应，都是我们缺少规矩，对别人缺乏尊重的直接后果。

好规矩的培养是从家庭开始的，尊重别人也是从尊重家人开始的，所以我们学佛就要从孝顺开始。作为一个人，如果对自己的父母都不能尽责任、义务，就更不用指望他对社会、对其他人尽责任、尽义务了。父母对我们可以说是恩重如山。如果没有父母的养育之恩，也就没有我们今天的一切。所以，修行就是要从孝顺父母开始，从尊重家人开始。

在家庭中，许多人只考虑个人的利益。在社会中，这种自私自利的表现更为严重。比如在单位中，有的人为了得到领导的重用，绞尽脑汁巴结，对领导说奉承话。而对一般同事则冷冷相待，甚至排挤打击。个人欲望的日益膨胀，造成今天社会风气日趋恶化。

说到民族，在我们整个地球上有两千多个弱小民族已经绝迹了。说到国家，在我们整个人类的历史中，每个国家的兴亡、离合，都离不开权力之争、利益之争。国与国之间为了既得利益，更是巧取豪夺，纷争不断，乃至大规模进行武力战争。不过无论是国家也好，民族也好，还是单位或家庭，随着时间的推移，都在不断地变化，从不固定，也不永恒，永远都是无常的。

另外，随着地球气温的升高，许多的微生物没办法活下去，逐渐地消亡了，又有许多新的微生物适应这样的气候，不断地产生出来。这说明地球上现在的业报，已经不适于消亡的那些微生物生存，而适于新生的微生物生存。

现在地球的最高气温在三四十度之间，还适于我们人类生存，一旦气温高达六七十度时，我们人类也要从地球上消亡了。但这种消亡并不是断灭，人类会随着自身业力，投生到适合生存的其他星球上去。

以智慧引导人生

我们因为同样的业报共同生活在地球上，但每个人又有不同的业报和障碍。我们每天为什么会烦恼？是因为我们没有解脱。没有解脱的原因，是由于我们的身体障碍着我们不得自在。我们学佛的目的就是为了获得解脱。要想解脱，就要学会放下——放下心里的烦恼，放下身体的困扰，放下身外的一切。

学佛的目的是为了放下，而不是为了得到。现在，许多学佛的人总抱着想得到什么的念头，比如想升官发财、长生不老，那就完全错了。人的身体总有一死，如果想得到什么，终究一无所得。总想得到什么，就总有障碍，总有牵挂，就总也不能获得真正的解脱。所以要想解脱，要想学会放下，就要依靠智慧。如果没有智慧，就会产生种种烦恼。

有个故事里说有位老婆婆有两个儿子，大儿子是卖雨伞的，二儿子是卖鞋的。这位老婆婆整天愁眉苦脸。后来有位法师问她："老妈妈，因为什么事你整天这么愁眉苦脸?"老婆婆说:"我的问题很严重,根本没有办法解决,跟你说了也没用。"

这位法师就劝慰她,让她说说看。老婆婆在法师的再三劝说下,才诉出苦衷:"我的大儿子是卖雨伞的,如果总是晴天,雨伞就卖不出去。我的二儿子是卖鞋的,如果总下雨,就没有人出来买鞋。为了这个,我既怕下雨,又怕晴天,你说我苦恼不苦恼?"

法师告诉她:"你应该这样想:下雨天你要为大儿子高兴,因为大家都来买他的雨伞;晴天你要为二儿子高兴,因为大家可以来买他的鞋子。"听法师这样一讲,老婆婆豁然开悟。从此,无论晴天还是下雨,老婆婆总是乐滋滋的。这个故事只是一种比喻。

其实,在我们的现实生活中,类似现象经常出现,只是我们身在其中没有觉察。比如说,桌子上放着一个茶杯,小孩子来拿,一不小心掉在地上,杯子打碎了。

这时大人来了,看见杯子碎了,不由分说把小孩痛斥一顿。由此,这个小孩子就得出一种错误观念:不能把杯子打碎了,打碎了杯子会挨骂。这不但给小孩子的心理造成一定伤害,而且还可能引起家里大人的意见不一致,继而招惹出更大的烦恼。

如果一个有智慧的人,他就不会这样处理问题,他会告诉小孩子,你应该学会小心做事,否则杯子里要是有开水,掉下来就会烫伤你;杯子打碎了,弄不好还会把你扎伤。

同样是面对一件不太好的事情,有智慧的人可以把它转化为好事,让它成为对人有益的经验;没有智慧的人却会因此起烦恼,由一个很小的烦恼生出很大的烦恼,由一个很小的错误引出很多大的错误。所以,一定要有智慧。只有靠智慧,才能从根本上解决问题。

智慧从定中来

佛教的正见，即正确的认识，以智慧为表现特征。修行的首要问题就是正见，正确的认识如同眼目一样重要。如果一个人没有眼睛，在黑暗中乱摸乱撞是很危险的。所以，学佛首先就要以正见引导我们的眼目。那么智慧又是怎样产生的呢？就是从定而生。我们一般人之所以缺少智慧，就是因为定力不够。

修行有一种方法是打坐。打坐的目的就在于培养定力。说到打坐，首先还是离不开放下。我们在开始学习打坐时，很想收敛住我们散乱的心。可是越想收敛，却越收敛不住。这是为什么呢？原因就是有对立。因为你想静下来的念头越强烈，其实你离静也就越远了。所以，打坐时首先要放下的就是"想静下来"的这个念头。

我们的头脑与心也是对立的。我们的头脑与佛教讲的心是两码事。头脑总是在不断地分辨和思维，它分辨和思维的内容，都是我们从小到大所接触的社会知识。也就是说，我们的头脑时时刻刻都在用这些社会知识来思考问题。而这些社会知识很有局限性，有的甚至极为错误。所以，打坐时要放下我们头脑中的分辨和思维。

在日常生活中，能够保持一种正确的心态也是定力的培养。比如说，你今天本来心情很好，高高兴兴地来到单位上班。这时，有位同事或许会因为一件小事向你大发脾气。如果你由此心生烦恼，与他大吵大闹，只会闹得不可开交。

如果你冷静想想，对方发这么大的脾气，是否是因为遇到什么不如意的事了？这样一想，你就不会烦恼，反而心生怜悯，对他进行劝慰。这样一来，不但化解了对方的烦恼，也令他心怀惭愧，对你充满感激。

面对生活中种种的不如意，如果我们总能保持关怀别人、照顾别人的心态，就不会产生烦恼，也不会为烦恼所困缚了。人与人之间所有的是非争执，都是双方的。如果只是一堆干柴，遇不到火，也就不会燃烧起来。

所以，与人发生任何矛盾纠纷时，最应该反省的是自己，看看自己是否清醒明白，是否有不尽如人意的地方？这才是智慧、是禅的一种表现。

所谓禅定，并不是整天坐在那里一动不动，若说坐着不动，乌龟的坐功比我们人要强得多，但它就是坐上几百年、几千年也不会开悟，因为它没有智慧。

打坐只是修禅定的一种方式，真正的禅定是在现实生活中，时时刻刻都能以一种智慧的觉照，很自如地把握自心。一个真正有禅定功夫的人，无论走到哪里，无论在干什么，都不会为那些五光十色、纷纷扰扰的事物所动心，他的心始终是清净的、清凉的，没有任何迷惑，不起任何烦恼。

这就是生活禅，也是真正地在享受生活。

第四章　佛法与人生　147

少欲 离欲 化欲

我们读书也是这样,如果心清净不下来,书就读不进。通常在比赛时体育运动员要调整心态,保持心态的镇定自如。运动员平时就作心理训练,他们所训练的无非就是定力。

如果光说定力,不仅仅是佛教讲,气功、道家以及印度的许多教派都讲,而且他们的禅定功夫都很深,但是他们缺少的是智慧。比如气功师所注重的往往是身体,他们太用心调养身体了。我这样说,并不是说不要保养我们的身体,而是不要过度。释迦牟尼佛最初出家,六年苦行,后来经过验证,发现过度的苦行无益。所以,佛在圆寂时告诉众比丘们:要知足少欲。

知足少欲,并不是说要绝欲。如果一个人完全没有欲望,就会没有希望,也就不可能活下去了。欲望本身并不纯粹是坏的,它有好的一面,也有不好的一面,比如对物质方面的需要,我们就不应该过分贪恋。中国有句古话叫做知足常乐。人的欲望是无止境的,所谓欲壑难填,有欲望是正常的,但若不加以节制,就会成为痛苦的根源。

能够做到知足少欲,再进一步就是离欲,离欲也不是绝欲,离欲是对最简单的物质方面的要求已经没有兴趣,或者已经无心分别了。比如过去有些人打坐,一坐就是几年、几十年,甚至几百年、几千年,这些人的禅定境界已经很深,他已经不受物质方面的限制和障碍了。

曾经,玄奘大师在去印度取经的路上遇到一位静坐的人,用引磬让他出定。这个人睁开眼后问玄奘大师:"释迦牟尼佛出世了没有?"玄奘大师就告诉他说:"释迦牟尼佛已经涅槃一千多年了。"玄奘大师就问他:"你是什么人,在这里做什么?"

他说:"我是迦叶时代的比丘,在这里打坐入定,等释迦牟尼佛出世,听他说法。"他听说释迦牟尼佛已经涅槃,就说:"我要继续入定,等下一世弥勒佛出世时,我再出定,去听他说法。"

玄奘大师劝他说:"你已经错过了释迦牟尼佛,如果你再打坐入定,即使弥勒佛出世,你也不会知道,有可能还会错过。你不

150 不立文字

如出定以后重新投胎做人，以便为佛教多做一些事情。"

这个比丘听了玄奘大师的话，不再入定，重新投胎做人了。等玄奘大师从印度回来时，这位重新投胎做人的比丘，已经由小孩长成了大人。玄奘大师就度化他出了家，这个人就是历史上非常有名的窥基大师。

比离欲再进一步的就是化欲，也就是把五欲这些障碍的东西，都焚化成清净的欲望，这些清净的欲望就是善法欲，也称为"愿力"。阿弥陀佛在因地发愿，要建立西方极乐世界，阿弥陀佛的这种愿力就是善法欲。

以上我们讲了少欲、离欲和化欲。少欲是我们所有佛教徒对待物质应有的一种观念，只有这样才能排除物质方面对我们的影响，才能保持我们内心的清净，然后才有可能离欲、化欲。

勤守戒律获禅定

要想得到禅定，首先就要守戒律，一谈到戒律，很多人感到害怕。比如说到寺院里不许吃肉，不许这不许那，好像很受约束。其实戒律是帮助我们修禅定的必要条件。我们要持戒，并不一定非得过出家人的生活，照样可以过在家人的生活，比如在家佛教徒可以受持五戒：不杀生、不偷盗、不邪淫、不妄语、不饮酒。有人一听不杀生，就觉得做不到，因为他每天吃饭都离不开肉，其实这里面有误解，不杀生并不是要你不吃肉。

不杀生是要我们不去伤害一切有情生命。因为我们都是有情生命，在受到致命的伤害时，会感受到痛苦和绝望，以己之心推之于一切有情生命，我们怎么忍心去伤害它们呢？在家的佛教徒不吃肉是出于慈悲心，并不是戒律规定不许吃。如果你不具有这样的觉悟，还做不到不吃肉，那就先吃"三净肉"，慢慢地等你对佛法有了更深的理解和认识，有了更高的追求，别说吃肉，就是许多别的物质方面的享受，你也会看得很淡。

另外，不偷盗、不邪淫、不妄语，这都是作为一个正直的人所应该具备的良好品质。

最后是不饮酒，因为人饮酒过量后，就会乱性、失态，做不该做的事。作为一位普通的驾驶员，酒后还要禁止开车，更何况对于一位要修禅定的人。其实细推五戒，每一条戒律都充满了慈悲，充满了对人最善意的保护，尤其对我们学佛修禅定的人来说，更是一种最好的保护。

当然，人的根性不同，能守的戒律也不同。对有些人来说，受持五戒非常容易，因为他本来就具备良好的品质和习惯。也有的人对某些戒律容易受持，对某些戒律却难以受持。比如对爱喝酒的人，让他一下子受持酒戒，恐怕很不现实。所以，并不是说不受持戒律就不能学佛。受戒的目的是为了帮助人获得解脱，并不是让人感到困缚。如果你感到受戒是一种困缚，你可以先不要受戒。或者你觉得有的戒律对你有困缚，你可以先受其他的戒律。

戒律只有释迦牟尼佛一个人可以制定，其他所有的菩萨、罗汉、僧团等等都不能制定，也不能更改。因为佛是大彻大悟的人，他对人有着透彻的了解，明白什么事人不应

154　不立文字

该做，如果做了就会妨碍生死的解脱。所以，他才能够对出家人和在家人制定出不同的戒律。戒律的内涵是神圣不可思议的，每一条戒律都有它实在的意义。

戒律就像我们的交通规则，如果开车没有规则，每个人都胡乱行驶，不但可能危害到自己，也会危害到别人。同样，如果我们不遵守戒律，不但会伤害自己，也会伤害别人。

不过，佛教的戒律近似世间的法律，并非死板教条，也有灵活变通。比如一个人遇到歹徒抢劫，他为了自卫，可能会伤害到对方。因为他的动机并非害人，只是自卫，所以在法律上就不会定他的罪。佛教的戒律也有类似的规则。

到底什么才是佛法

大家来学习佛法，首先要对佛法有一种正确的认识。现在社会上对佛法的误解很深，比如现在有的人到寺院来，磕一个头，烧一炷香，在功德箱里放一些钱，然后就祈求佛保佑他升官发财、长命百岁等等，这些其实都是在祈求满足他的欲望。我们的欲望是求佛能求来的吗？这是不可能的。我们现在的福报都是过去善业积累的结果，求是求不来的。若想求福报，只有多做善事。我们学佛的目的并不是为了索取，不是为了求福报，而是为了学佛的献身、无我、解脱、自在。

另外还有些人认为烧香、磕头、拜偶像是迷信，这种观念也是错误的。因为我们人内心智慧的力量非常弱，也就是说，弃恶扬善的力量非常弱，本来想做好事，却总也做不好；本来不想做坏事，却不自觉地做了坏事。这就是因为我们的定力、智慧不够。佛的智慧是无限的，佛的境界是无量光明的。我们拜佛念佛，虽然只是一种外在形式，但是通过这种形式上的修持，却可以唤起我们内在的智慧和光明。

就像现在的学校、工厂和各种机关单位要升国旗、礼国旗一样,这虽然也是一种外在形式,但目的在于唤起我们内在的爱国热情。如果你说国旗只是一块布,升国旗、礼国旗就是迷信,能这样认为吗?同样地,我们大殿里供的这些佛像虽然是石头的、木头的,但我们内心所朝拜的却不是这些石头和木头,而是朝拜佛的无量智慧和光明。

或许有人又会有疑问,如果是这样,那每天上供那么多水果、糕点、饭菜又是为什么呢?我们学佛,就应该学会舍、学会布施、学会为一切众生作奉献。如果我们能从形式上每天对佛像作一份供养,即在内心里培植了一份舍己为人的供养心。慢慢地供养心培植起来了,慈悲心扩大,就会觉得对一切众生都应该供养,对一切众生都应该报恩。

打个比方,佛法就像是药,释迦牟尼佛是最伟大的医生。他不仅能医治我们身体的病苦,更能医治我们心理上的痛苦。"三藏十二部"所有这些经典,都是对治我们众生身心病苦的良方。但如果我们不能如实照做,

158　不立文字

读再多的经典，就如同只读药方不肯吃药一样无济于事。佛法的实质并不在于这些文字经典，而在于离苦得乐的究竟解脱，但现在许多人误认为佛教只是一种文化。

不可否认佛教有文化的成分，在我们的传统文化中，确实渗透进许多佛教思想。但佛教的思想并不等同于文化，一个具有很高文化水平的人，并不一定了解佛教的思想。另外，佛教也不同于科学，但佛教有科学的成分。

在两千五百年前科学还很落后的情况下，释迦牟尼佛所亲证的一些真理现象，被我们现代的科学试验逐渐地证实了，这足以说明佛教的思想远远超越于科学。但是现在许多人非常相信科学，甚至只相信科学，认为只有被科学家认定的东西才是可信的。难道科学认定的东西真是绝对可靠吗？

比方说，科学家曾说西方人主要吃马铃薯、面包、牛排这三种食物，因为这三种食物非常有营养，所以西方人的身体才那么健康。后来西方许多人得了癌症等种

种疾病,科学家又对这三种食物进行分析,认为病症是由于食用这三种食物过多而造成的。

同样的东西,在科学家的分析下却得出完全相反的结论,可见科学家所得出的结论时刻都有反复、有变化。先前所认证的东西,在后来却有可能彻底被推翻。所以,科学的定论并不是绝对不变的,是有局限性的。如果一味地只相信科学,那么就会把自己给局限住了。

不可否认,科学的发展确实为我们的生活带来了许多便利,但是它并不能给生活带来真正的快乐和幸福。而且随着科技的发展,对于能源无休止的开发利用,对于环境日益严重的污染,会给人类带来无穷的后患。

另外,将科学应用于军事,更是人类将要自我承受的最可怕的灾难。比如核武器研制成功,就像我们人类自制了一把最尖刃的自杀武器。所以,科学的发展和应用有它合理的一面,但也有它不合理、不可靠的一面。

因此，对待科学我们应该持一种客观冷静的态度，而不应该一味盲信盲从，而对科学以外的一切信仰也不应该一概否认。如果我们对一种事物没有彻底了解，没有切实地去实践，也就不可能得到正确的见地。

比如说喝茶，有的人觉得喝茶是一种享受，他喝茶的时候，看着一杯碧绿的清茶，会联想到山林的气息。这样与其说是在喝茶，倒不如说是在品味大自然的美妙。也有的人喝茶只是为了解渴，端起茶来咕嘟咕嘟就灌进肚子里去了。问他茶是什么味道，都说不上来。还有的人根本不习惯茶的味道，刚喝上一口，就会大叫"好苦啊！"同样是喝茶，却是这么不同的感受。所以，对待一切事物我们都不应该一概而论、人云亦云，要学会自己去品味，得出自己的认识。

整个佛法教导我们的是戒、定、慧三学。可以说戒、定、慧三个字概括了佛教所有的内容。戒、定、慧三学又是一个不可分割的整体。如果光持戒不修定，或者光修定不持戒，就不可能有真正的戒和定。如果没有戒和定，智慧就开不了；智慧开不了，就不可能解脱生死。所以，学佛一定要戒、定、慧三学并修，不可以偏颇。

我们首先应该放下我们以前的观念，先听听法师、学者是怎么讲的。听完之后，仔细思考、判断，想想他们讲的是否有道理，如果觉得有道理，就照着去做；如果觉得没道理，也可以作为参考。而不要还没有听别人讲，心里就先有抵触，就想着怎样驳倒对方。

如果抱着这样的心态，心就不会完全踏实下来，也就不可能把别人的话完全听进去。这样的话，就被自己给局限住了。

从"闻、思、修"趣入佛法

什么是佛法？如何来学习佛法？

学习佛法就是要在日常生活中养成一个正确的生活目标，获得生命的重要价值和意义，同时能够逐步逆生死流，走上解脱道、菩提道。

如何来改进自己的生活？诸位来到寺院里，会觉得寺院不同于自己在世俗时的家庭，寺院生活也不同于在世俗时的家庭生活。这些"不同"表现在哪里呢？

首先是戒律。戒律是规范所有出家、在家佛弟子生活的具体要求。寺院里除了戒律外，还有很多清规、制度等等，这些都是保证佛弟子在寺庙中能够如法修行的重要体现。

我们要有超越于世俗的生活，就要在戒律的守持上用功。出家的法师要持很多戒律，在家居士来寺院里，也要遵守居士戒律和寺院规矩。戒律和规矩生活化了，不知不觉就会改变一个人的身语意三业，使之朝向良善的方向发展。

为什么能够如理如法守持戒律，能够按照寺庙里的规定行事？原因是出家法师、在家居士们有一个高远的追求目标，它超越了对世俗生活的认知。我们要去思考：如何来认识自己的生活，怎样的生活才是对自己最丰富、最有价值的生活？

学习佛法，首先要拥有一种正确的生活目标和生活方式，有了这种目标和方式，生活才能发生改变。当生活点点滴滴发生变化之后，生命价值自然而然就会不断地增大，生命的品位就会不断得到提升，心灵也能够不断得到净化。

看清痛苦的根源

在世俗社会里，大多数人生活得很无奈，生活的目标也不清楚，不知道怎样才是一种正确的生活。通常会认为，衣食住行具足了，生活就会好起来。实际上衣食住行仅仅是生活的条件而已。在社会上，每个人都希望"我要有一个好的身体、一份好的工作、一部好的车子、一座好的房子"等等。

也就是说，所有的一切，跟"我"是相联系的。别人有的东西想拥有，别人没有的东西也想拥有，并且自己有的，想要比别人更多、更好、更新。这说明我们的内心是不断往外贪求的，向物质层面不断掠取，不知不觉就会追求物质、依赖物质，而不能自拔。

佛法不这样看问题。在佛法的概念里，一个人物质条件越丰富，不等于他幸福快乐就越多。一个人的幸福快乐，也不能说和物质条件没有任何关系，但却不是根据物质的多寡来判断的，更多的是看一个人是否能从对物欲的依赖当中解脱出来，继而获得心灵上的喜悦和自在。

这种追求不仅仅在寺院里才有所体现，在社会上、在家里、在自己工作岗位上，也是如此。我们对生活是一种什么样的认知和追求，这种认知和追求用佛教的语言来讲，就是自己的知见。

不少人在社会上很痛苦，痛苦的表现是方方面面的。但是痛苦的根源却是同一个，即"无知、无明"。不是说没有知识、没有文化、没有能力就是无明。"无明"是因为对事物不能正确认知，对于染净的因果，即杂染的业因、清净的业因，看不清楚。染污的果报就是六道轮回；清净的果报就是四谛、十二因缘、六度万行等等。

透由无明一分分地去除，智慧一分分地增长，就能够慢慢认识清楚：什么样的行为，会导致什么样的结果；自己现在所受的痛苦与快乐，是过去的行为造成的。学习佛法，就是来认清痛苦和究竟快乐的根源。

什么叫做智慧呢？我们常常讲："从闻思修，入三摩地""亲近善士，听闻正法，如理作意，法随法行"。

听闻正法是闻慧,如理作意是思慧,法随法行是修慧,这便是闻思修的三种慧。智慧就是这么来的。也许每个人都会说,自己很无明,经常发脾气、想不开等。但是如何来认识智慧?对大家来说就是一个比较难的题目了。

千经万论,无非是引导我们开智慧、得大智慧,得大智慧才能够破无明。反过来说,破无明的结果,就是得到智慧。比如一间屋子里一片漆黑,灯光一亮,无明黑暗自然就没有了;灯一闭,无明黑暗又出来了。无明和智慧就是暗和明的关系,不可能同时存在。

168 不立文字

第四章　佛法与人生　**169**

让内心充满光明

让自己的本心一直充满智慧和光明,这很重要。在汉传佛教里有一位禅师——六祖惠能禅师,他文化不高,但是惠能大师所讲出来的法语开示却能够被称为"经"——《六祖坛经》。古来的祖师大德,比惠能大师有文化、通教理的,可以说是数不清的,但是只有惠能大师的开示,才被称为"经"。

惠能大师在五祖弘忍大师门下开悟,他作的那首偈子"菩提本无树,明镜亦非台,本来无一物,何处惹尘埃"传诵至今。最后得到五祖弘忍大师的印证,大师便把自己的衣钵传给惠能大师。惠能大师得了衣钵后,连夜离开寺院,当时寺里很多人得知弘忍大师把衣钵传给惠能大师之后,都去追赶。其中有一位慧明法师,出家前是一位将军,体质很好,跑得最快,追到了惠能大师。

惠能大师见他远远追来,心里想:他是来抢衣钵的,和他争执没有意义。弘忍大师把衣钵传给我,只是一种证据,是表法用的,表示我得到了法。所以他要这个衣钵的话,就送给他。于是他就把衣钵放在石头上,自己躲到树林里去。慧明法师去拿衣钵的时候，却发现搬不动，当下悔悟，感慨地说："我是为法而来，不是为衣钵而来。"

六祖大师在树林里听了慧明法师这么讲，走出树林对他说："你既然是为法而来，我现在就为你说法。"大师说："不思善，不思恶，正与么时，哪个是明上座本来面目？"慧明法师在惠能大师言下大悟。过去禅宗里常常参念佛是谁？父母未生前的本来面目是什么？拖那个尸体的是谁等等，这些都是要让人去认清我到底是谁。禅宗常常在这方面去追究，引发人去思考——我是谁？谁是我？

为什么要追究"我是谁，谁是我"呢？这跟智慧有很大的关系。通常所认识的我，都是分别心在起作用。有分别心本身就是一种烦恼、无明的状态。实际上应当是无我的，我们每一个人都是色受想行识五蕴和合的。我只是五蕴和合的一个假名安立，你是某某，他是某某，都是一种假名安立。这个"我"可以安立在每个人的头上，只是一种名言而已。

不过，我们常常把名言上的"我"当成实际状态的"我"。实际上，我们身体在变化，思想情绪也在变化，昨天、今天、明天的思想认识不一样，身体也在不断变化，这就是无常的特点、无我的特点。可是我们不容易用无常无我的概念来认识自己。佛法里面讲三法印：诸行无常，诸法无我，涅槃寂静。无常无我在一切事物上都能够得到说明。

人的问题、烦恼、毛病、习气，是多生多劫累积下来的。假如你今年二十岁，那么二十年前就是前世；假如你现在五十岁，那么可能三十、四十年以后就是后世。所以前后世是很快的，不过几十年而已。自己的生命，无始以来都在轮回、流转、累积中不断等流下去，很多好的或不好的习惯，一直在不断加深。

我们学佛法的目的，就是要把不好的等流和不好的习惯改变过来。但是自己在家里看经典、用功，不容易把无始以来不好的等流改过来。怎么办呢？这就需要在清净的道场、三宝地，借助外在师友的加持力，来扭转自己的坏习惯、坏等流、坏思想。这就关系到闻思修的问题。

《经纶》里讲:"故所应修者,须先从他闻,由他力故而发定解,次乃自以圣教正理,如理思惟所闻诸义,由自力故而得决定。如是若由闻思决定,远离疑惑,数数串习,是名为修。"

闻思修在《经纶》的修习轨理里有很明确的界定,是靠他力,是从善知识处听闻佛法,并且产生定解之后,再根据经论来证成。这一点非常重要。

智慧从闻思修来

现在常常产生的问题是,我们喜欢自己根据经论去看待和判断善知识说出来的道理——如法不如法,这本身就是一个很大的错误,应该亲近善士,听闻正法,如理作意,法随法行。

为什么说我们的智慧从听闻来,听闻从善知识来?原因就是我们自己对于无始以来的业烦恼等流,很难认清,如何以佛法来对治这些问题也不明白。

反过来说,我们是在以一种无明、烦恼的状态去认识佛法。刚开始可能会有一些似是而非的模糊概念,时间长了,我执、法执在加强,并且越来越坚固。因为都认为自己内心有了佛法,不断增强我执和法执。这样就和佛法的本意相违背,"法尚应舍,何况非法",我们学佛法的目的就是要让自己不断放下烦恼及一切执着。

学习佛法到最后就是对缘起、空性的证悟。空性是什么意思呢?就是我们对一件事物的看法,可以从许多角度去认识。比如我们在寺院拍照片,拍摄的角度是非常多的,

正面、侧面、左面、右面，还可以从下往上拍、从上往下拍等等。也就是说，从许许多多的角度，都可以来认识一件事物。反过来讲，看问题常常是以一个角度来认识，就会把这个问题看死了，认识不清楚。对外在的事物认识不清楚，内心就会产生更多的障碍，根源就是我们内心有迷惑，有障碍，不能得到究竟圆满的智慧。

如果有智慧，我们对于内心当中很多的迷惑，多换几个角度去思考，自然就可以解决掉。但问题在于当迷惑烦恼有问题时、内心发生困难时，常常提不起佛法。因为无明烦恼起来时，佛法被覆盖了，也就是说"我"这个房间里都是黑暗，并且当清醒时已经来不及，因为在无明状态下已经造了很多的不善业，并且这种业还一直在等流、相续，这样自己所具足的佛法力量、智慧力量就会越来越弱。

亲近善知识的目的是因为善知识比较容易看到我们的问题，靠外在的力量，由他力故，慢慢就容易产生定解。如果不是靠善知识这种外在他力的作用，可能学了几十年都很难对佛法法义产生真正的定解。没有产生定解，如何产生智慧？就不会有信、解、行、证。没有真正的定解，就没办法去实行，修行就修不了，就不会照自己理解的与所产生的定解去实践。

因为我们内心一直有怀疑，对佛法的义理没有产生真正信心，法的行相没有真正现起。所以说"由闻知诸法"，我们对法慢慢产生定解，然后再根据经教，对自己的这些定解慢慢实践，修改自己的相续，这样的话，思惟也好、观察也好、远离恶法也好，就比较容易用功了。不然的话，我们随便拿一本经，随便看一个法类，自己去用功，就犹如我们到一个药店随便把药拿来吃，可能一下子不会出大问题，但是也并不一定会有什么好处。更何况长期以来，我们多生多劫轮回于生死当中，无明所使，岂可随便吃药。

不要说我们，声闻道也好，菩萨道也好，也都要听闻正法，再去实践；发菩提心，也要先去学习如何发心，学习如何行菩萨道；六度万行，更需要一步一步去努力。所以说

178　不立文字

学佛本身就是一步一步去模仿，去实践。正所谓"一切圣言现为教授"，如果不能现为教授，那么读任何经论都难以产生大的功德，因为其中的法不能成为自己真正的教授。经论里面所讲的教授，就是你要真正照着做，如果没有定解的话，是难以照着做的。反过来说，自己没有照着去做，就是没有定解，要在这方面下工夫。

第五章
趣入菩提道

我们要透过学习,将内心中世俗染污的名言,转变成佛法善净的名言,最后用智慧彻底破除一切执着,才能解脱生死。

学法首求善知识
同行善友共增上

修学佛法，必须依靠善知识。善知识，需要我们主动去希求。你去找善知识时，他不一定有时间，有时候想见都不容易见得到。那么怎么办呢？必须要有强大的求法的心。佛法是缘起法，善知识一心一意想把法传下来；作为学人，我们必须去求。没有广大的希求心，法就传不下来。古代多少高僧大德不远万里，置生死不顾，西行求法，他们的行谊策励了一代又一代的出家人为法忘躯。唐代义净三藏法师所作《取经诗》云："晋宋齐梁唐代间，高僧求法离长安，去人成百归无十，后者安知前者难。路远碧天惟冷结，沙河遮日力疲殚，后贤如未谙斯旨，往往将经容易看。"

现代社会科技高度发达，经书法宝很容易得到，便利的交通工具可以让我们安全快速地到达遥远的寺院朝圣参学，但是我们却很难再体会到祖师大德们对佛法、对善知识那份虔诚的希求心。

般若经里面记载了常啼菩萨求法的公案，所谓常啼就是天天哭泣。因为他非常想学般若经，但是学不到，也遇不到善知识，急得天天哭,就名为"常啼菩萨"。他至诚求法的心终于得到了感应,有一天空中有声音说,你的法缘不在这里,你的法缘在东方,有一位法涌论师跟你有缘,是你宿生的善知识,你应该到他那里求学。常啼菩萨听了后非常高兴,马上就到东方去找他的老师,经历了种种的难行苦行,终于得以在法涌论师座下听闻般若经,而且得到了很高的成就。因为他求法的心至诚恳切,所以能够感得空中有声音指点他。

净土宗的祖师、人称弥陀化身的善导大师在二十多岁时,听说道绰禅师在晋阳开阐净土宗风,不远千里长途跋涉,寻师访道。据《新修往生传》记载:"时逢玄冬之首,风飘落叶,填满深坑,遂挈瓶钵入中安坐,一心念佛,不觉已度数日。乃闻空中声曰:可得前行,所在游履无复挂碍。遂出坑进程,至绰禅师所,展会夙心。"

对于善导大师的参访,道绰禅师非常欢喜,知道眼前这位年轻行者将是自己的后继者,因而为他详细解说弥陀本愿与《观无量寿经》的真意。善导大师在道绰禅师的指授

184　不立文字

下,一切疑问当下冰解,彻底领悟了净土法门的真髓,成为道绰禅师门下杰出的弟子。

在经典中,佛菩萨、祖师大德求法的公案有很多,乃至于像释迦牟尼佛尚未证得佛果前为求半偈舍身、慧可大师断臂求法等,在常人看来都无法想象,却给后代学人留下了永恒不朽的精神,策励着我们在学法路上精进不懈。

我们修学佛法一方面要依靠善知识,另一方面还要依靠同行善友。善友的摄受也非常重要,如果同行朋友天天让你吃喝玩乐,那还怎么修行呢?反过来说,如果一群志同道合的朋友,依止共同的善知识,大家彼此策励、相互劝勉,善业就能快速辗转增上,修行就容易进步。《别译杂阿含经》说:"夫为智者,自身取证,深得解达,须善友,须善同伴,恒应亲近如是善友。"

我们应当结交什么样的善友?《论语》里说:"益者三友,损者三友。友直,友谅,友多闻,益矣;友便辟,友善柔,友便佞,损矣。"

结交善友有三个原则，第一条原则是友直，就是要交讲真话的朋友。《维摩诘所说经》说："直心是道场，无虚假故。"就是朋友之间要真诚相待、互相信任，这样才会真正建立起佛法的友谊。同行善友之间能做到情同手足、亲如兄弟，才能够毫无保留地分享修学心得、传递经验，对于彼此间的缺点和过失也能够坦诚劝谏，这样修行就容易长进。

如佛陀在戒律里所要求的："同一师学，如水乳合，于佛法中，有增益安乐住。"如果彼此之间有隔阂、不信任，就不可能推心置腹、直言相谏，很多话就讲不出来。因为即使讲出来，对方也不会接受，甚至会有反效果。同行之间要做到友直需要一定的条件，一方面要有好的业缘，另一方面个人烦恼的净化也要到一定的程度。

那不具备这些条件时怎么办呢？有时同修间会有一些磕磕碰碰、意见不一致，这时就要用到第二条原则"友谅"，就是能够互相谅解。我们如果能够原谅别人的过失、包容别人的缺点，那我们的德行就会宽厚，胸怀也会广大。

  如果对别人的一些过激言语或片面看法能够包容，彼此之间才能够交友，才不会妨碍共事共学。否则一点小的境界过不去，心就会被卡住，就看不到别人的长处，也就不愿向别人学习，共事时也会难受。要知道我们见到的人、听到的话不可能都是自己喜欢的，因为每个人的缘起不同，有的人想到什么就说什么，有什么情绪就说什么话。

  我们经常会遇到这种情况：很多人讲的话、做的事不是我们喜欢的。那我们该怎么办？就要去设身处地了解背后的原因，理解他的处境和心境，慢慢就能原谅他。比如说佛学院晚上睡广单，几个人睡一个屋，有人半夜打呼噜，你有什么办法呢？不可能让他不打他就能做到不打，到时候他要打，你可以用棉花把耳朵塞起来。

  要让自己学会去适应别人，而不是让别人来适应自己，这样才能够做到包容别人。古人讲严于律己，宽以待人，我们对自己要求严格，对别人很宽容，这样才能更广泛地与人交往，也容易从更多的人身上学到优点和长处。

第三条原则"友多闻"，不单单指知识渊博，更主要指有智慧，因为智慧从多闻得来。如《法句譬喻经》说："多闻能持故，奉法为垣墙，精进难逾毁，从是戒慧成。多闻令志明，已明智慧增，智则博解义，见义行法安。"

结交有智慧的朋友，对修行很重要，有句话讲："宁与智者共苦，不与愚者同乐。"跟有智慧的人交朋友同与没有智慧的人交朋友相比，意义大千百倍。

比如你天天跟愚痴的人在一起，再过多久你的智慧也不会长进。许多愚人聚在一起，遇到事情就束手无策，不知道该怎么办，需要有智慧的人出来引领。做事如此，学法、修行同样如此，必须要跟有智慧的人学习才比较容易进步。

在修学佛法的道路上，能够得到善友的摄受是非常幸运的，也是非常重要的。善友

190　不立文字

之间切磋琢磨、砥砺心智,能够让我们时时具足正念,精进不退。同行善友能够保护我们不被烦恼"打败",在我们起烦恼的时候,能来劝谏、督促、勉励,让我们不会放逸懈怠、偏离修行的正道。

如果没有外在力量的加持,靠我们自身能力去提策正念是不容易的。因为当烦恼、邪见生起时,通常没有办法对付。比如,我们常听到一句话"打起精神",但是当我们昏沉、散乱、内心没有力量时,精神很难提得起来。我们的精神提不起来,不是说自己不想提,而是自己没有力量把精神提起来。没有精神的时候,我们拜佛、诵经、持戒、劳动等等,都会觉得了无动力。

如果我们周围有同参道友,并且你对他很有信心,这时候他就会创造一个境界,来策励加持我们。我们去缘这个境界,沉寂的心就可以转变过来,精神就能提起来。这种提起来,也就是一种"相应",靠自己是做不到的。这并不是一个简单的小事,而是我们在修行过程中必定会有的体会。

善友对于修行如此重要，那具足什么样的条件，才能得到同行善友的提策摄受呢？最重要的是我们要有一颗真诚求法的心，真正想要改善自己，突破自己的习性，依法提升，这样就能够感得善友摄受。

《法苑珠林》说："夫至道无隔，贵在忠言，故出其言善则千里应之，出其言不善则咫尺如聩。但教流末代人法讹替，或凭真以构伪，或饰虚以诈真。良由人怀邪正，故法通真俗，名利既侵，则我人逾盛，现亲尚无附之，况元来疏薄，故难交友。"

这里面讲"至道无隔，贵在忠言"，真正修道的人面对众生时，内心是没有藩篱的，道友之可贵就在于能够讲忠言。但是到了教法衰微之时，有些人学法的动机不清净，放不下名闻利养，处处保护自我，不能以诚待人。同行间非亲非故，又没有很深的缘分，如此就很难交友了。

在《弟子规》里面说："闻过怒，闻誉乐，损友来，益友却。闻誉恐，闻过欣，直谅士，渐相亲。"如果别人指出自己过失时不高兴，只有听到称赞的话才高兴，那恶友就会接近，善友就会远离，因为我们求的不是佛法，而是名闻利养。

反过来，如果听到赞美之词内心很警策，知道它容易引发骄慢心；听到别人指出过失很欢喜，因为看到了自己可以改善的地方；久而久之，那就能够得到善友的摄受。

《论语》中孔子说："丘也幸，苟有过，人必知之。"说他觉得自己很幸运，只要有过失，就会有人告诉他。子路也能做到"闻过则喜"，表明儒家的圣贤内心当中都有这样的境界和功夫，修学佛法的人就更应该如此了。

所以，我们应当时时反省自己是不是一个至心希求佛法的人，够不够条件接受师友的教诲，这点是最重要的。

如理听闻断器过
一切圣言皆教授

我们修学佛法，就是要通过亲近善知识来听闻正法，然后如理思维、观察、修习，最后得到相应的证悟。最初如理的听闻是非常重要的，它是趣入佛法的先导，总结起来有三个步骤：初善启请，中善谛听，后善流通。

什么是初善启请呢？就是在讲法之前，听法的人要向说法师作启请。我们可以看到在佛经中，佛陀与很多弟子在一起，其中有一些弟子请教问题，佛陀就给他们讲法，这些人就叫做当机众，当机众的启请是促成佛陀讲法的重要因缘。

佛陀讲法时，会场中还有三种人：一种是影响众，像文殊菩萨、弥勒菩萨等大菩萨，他们在场的目的是影响别人。弟子们看到这些已有大成就的等觉菩萨也坐在里面听法，自然也就愿意来听。另一种是结缘众，他们听法的目的是为了和大家结缘。还有一种是随喜众，他们是碰到了就听，碰不到就不听，随喜大家而已。

其中大部分的人是随喜众，但最关键的是当机众，由他们来向佛做启请，佛才会讲法。因为释迦牟尼佛所讲的佛法,除了《佛说阿弥陀经》外,其它的经典都是有人请问才讲的。就像我们生病去看医生一样,有什么病才给你开什么药,佛说法也是因病予药,才会应机。而不是像小贩卖货一样,不管要不要都给人说,那就不对了。世间上的一切事物都是因缘所生法,不是靠我们凭空去想象的。因为佛菩萨观察到众生机缘成熟了就讲佛法,所以我们要有希求心,才容易感得闻法因缘的成熟。

我们如何培养闻法的希求心呢?世间人做生意,要先看到好处才愿意去做;听法也是一样,要先知道它的殊胜利益才会有希求心。我们可以从不同的角度去思维,如《大宝积经》说:"多闻解了法,多闻不造恶,多闻舍无义,多闻得涅槃。善听增长闻,闻能增长慧,惠能修净义,得义能招乐。聪慧得义已,证现法涅槃,闻法净黠慧,证得第一乐。"

《佛说大乘菩萨藏正法经》说:"譬如入暗处,现前诸色相,彼眼不可见,以火能破瞑。如是现在劫,彼有生死人,于善不善

196　不立文字

法，不听而不知。由听是法故，于罪不应作，及除非义利，速能趣涅槃。乐亲近师友，增长于闻慧，彼慧清净故，获得妙乐义。彼闻义智者，见非法出离，于净法勇猛，得殊胜妙乐。若于菩萨藏，闻已住法性，光明照世间，真行菩提行。"

《瑜伽师地论》说："若诸菩萨欲听法时作五种想，应从善友听闻正法。一作宝想，难得义故；二作眼想，能得广大俱生妙慧因性义故；三作明想，已得广大俱生慧眼，于一切种如实所知等照义故；四作大果胜功德想，能得涅槃及三菩提无上妙迹因性义故；五作无罪大适悦想，于现法中未得涅槃及三菩提，于法如实简择止观无罪大乐因性义故。"

希求心的行相，如《瑜伽师地论》说："菩萨云何求闻正法？谓诸菩萨于善说法，应当安住猛利爱重求闻正法。如是略说于善说法安住猛利爱重之相，谓诸菩萨为欲听闻一善说法，假使路由猛焰炽然、大热铁地，无余方便可得闻是善说法者，即便发起猛利爱重欢喜而入，何况欲闻多善言义。又诸菩萨于自身分,及于一切资身众具饮食等事所有爱重,于欲听闻诸善说法所有爱重,以前爱重方后爱重,于百分中不及其一,于千分中亦不及一,于数分中亦不及一,于算分中亦不及一,乃至邬波尼杀昙分亦不及一。菩萨如是于善说法深生敬重,常乐听闻诸善说法,无有劳倦,亦无厌足,净信淳厚,其性柔和,心直见直,爱敬德故,爱敬法故。"

当然这里讲的希求心的量是很高的,对于初学者,只要依着经论随分随力去思维,让内心对听法产生好乐,就是有了希求心。

初善启请还有一个目的,是提策学法者对说法师的恭敬心。印光大师说:"佛法从恭敬中求",有几分恭敬,就会有几分受用。可是凡夫最容易从外相上分别好坏,对法师挑毛病,这是最要不得的。不论法师相貌、声音等有没有缺陷,只要他讲的是佛法,我们恭敬地听受就能得到好处。反过来,如果对法师生轻慢心、观察过失,那就肯定不愿意听,最后受伤害的还是自己。

因此在听法前,对法师种种的非理作

意、不恭敬的心态都要净除。如《瑜伽师地论》说:"若诸菩萨欲从善友听闻法时,于说法师由五种处不作异意,以纯净心属耳听法:一于坏戒不作异意,谓不作心此是破戒不住律仪,我今不应从彼听法;二于坏族不作异意,谓不作心此是卑姓,我今不应从彼听法;三于坏色不作异意,谓不作心此是丑陋,我今不应从彼听法;四于坏文不作异意,谓不作心此于言词不善藻饰,我今不应从彼听法,但依于义,不应依文;五于坏美不作异意,谓不作心此语粗恶,多怀忿恚,不以美言宣说诸法,我今不应从彼听法。如是菩萨欲听法时,于是五处不应作意,但应恭敬摄受正法,于说法师未尝见过。若有菩萨其慧微劣,于说法师心生嫌鄙,不欲从其听闻正法,当知此行不求自利,退失胜慧。"

在启请中还应对说法师做种种的承事供养,这能够消除我们很多不敬法和法师的业障,同时积聚听法的资粮。

例如佛陀在因地中求闻《法华经》时,曾对仙人承事供养历经千年,如《妙法莲华经》说:"尔时佛告诸菩萨及天人四众:吾于过去无量劫中,求《法华经》无有懈倦,于多劫中常作国王,发愿求于无上菩提,心不退转,为欲满足六波罗蜜,勤行布施,心无吝惜象马七珍、国城妻子、奴婢仆从、头目髓脑、身肉手足,不惜躯命。时世人民寿命无量,为于法故捐舍国位,委政太子,击鼓宣令四方求法:'谁能为我说大乘者,吾当终身供给走使。'时有仙人来白王言:'我有大乘,名《妙法莲华经》,若不违我,当为宣说。'王闻仙言欢喜踊跃,即随仙人供给所须,采果汲水拾薪设食,乃至以身而为床座,身心无倦,于时奉事经于千岁,为于法故,精勤给侍令无所乏。"

什么是中善谛听呢?就是在正式听法时,要调整好我们的心态,让闻法与说法相应。我们可以看到,每部经都是以"如是我闻"开始,听法的人要很认真,不能听错,这样才能得到受用并忆持记录下来。真正相应时,当下就能够调伏烦恼、开显智慧。每部经结束时都是一切大众皆大欢喜,多少人发无上道心等等,这就是善谛听闻的效果。

如何做到善谛听闻呢?在《菩提道次第

广论》的听闻轨理中讲到，听法时首先要"断器三过"。打一个比方，说法就像天降甘霖，听法就像用杯子去接，这接水的容器必须准备好，不能有三种过失：第一种是覆器，就是杯子倒覆过来，接不到雨水；第二种是垢器，虽然没有覆器的问题，但是杯子是脏的，如此，接到的水就不能饮用；第三种是漏器，虽然没有前两种问题，但是杯子有洞，水也存不住。

听闻佛法也是一样，要断除这三种过失。佛陀常常在讲法时说："谛听谛听，善思念之。"这八个字的内涵就是断器三过。我们千万不要小看这八个字，听闻佛法真正的关键就在这里。

我们在听法的时候，容易有的一种状态是散乱，如《阿毗达磨集异门足论》说："云何心散乱性？答：诸心散性，若心乱性，心躁扰性，心流荡性，不一境性，不安住性，是名心散乱性。"就是心念不能安住，东想西想，听法时心不晓得跑到哪里去了，根本就听不到法，这就是覆器。

无散乱心听法的行相，如《瑜伽师地

论》说:"云何菩萨无散乱心听闻正法?谓由五相:一者求悟解心听闻正法,二者专一趣心听闻正法,三者聆音属耳听闻正法,四者扫涤其心听闻正法,五者摄一切心听闻正法。菩萨如是求闻正法。"

对治散乱的方法,比较重要的是要在听法之前做好前行准备,可以通过供养、皈依、祈求等提策对闻法的希求心和恭敬心,从而让自己的心能够收摄。

听法时还容易有的一种状态是昏沉,如《大乘广五蕴论》说:"云何昏沉?谓心不调畅,无所堪任,蒙昧为性,是痴之分,与一切烦恼及随烦恼所依为业。"就是心智蒙昧,不清明,没有能力去感受外在的境界,再严重的就会打瞌睡,这也是覆器的典型行相。我们听法时昏沉,其中一个主要原因就是业障,以前造过不敬法的业,所以遇到这种情况时要好好忏悔。

第二个"谛听",是指听法时内心一定要良善、清净,不能夹杂不良的动机,这是断垢器。如果内心不清净、动机不纯,学佛法时就会受到染污。虽然有点帮助,但是

204　不立文字

第五章　趣入菩提道　205

会有很多坏作用,乃至根本得不到佛法的受益。如《瑜伽师地论》说:"又以善心听闻正法,便能领受所说法义甚深上味,因此证得广大欢喜,又能引发出离善根。"听法的目的是让我们出离、解脱,究竟成佛,不能为名为利,那是世间八风。学法时动机不纯就是因地不正,因地不正就不会有好的果报。《瑜伽师地论》说:"如来弟子依生圆满转时,如先所说相而听闻正法,唯以涅槃而为上首,唯求涅槃、唯缘涅槃而听闻法,不为引他令信于己,不为利养恭敬称誉。"

后四个字"善思念之",指的是能够忆持所听的法义,不失念,这是断漏器。如《大乘广五蕴论》说:"云何失念?谓染污念,于诸善法不能明记为性。染污念者,谓烦恼俱。于善不明记者,谓于正教授,不能忆持义,能与散乱所依为业。"

失念就是听完了就忘掉,内心不能执持所闻的法义。我们听法前都要念的开经偈中有一句"我今见闻得受持",受是指领纳,持是执持。受持后,我们才能慢慢地理解如来说法的真实义,这是很关键的。要对治漏器，要在平时多培养内心的专注与寂静，不断增强自己的念知力，不能忆持法义的过失，慢慢就会得到改善。

有的人听法时还会存在这样的心态：我来听听，看看这位法师讲的有没有道理。这样听闻是不会得到受益的，因为他不是在学习，而是拿自己的见解去评判说法师。符合自己的见解才认可，觉得不合己意时，就会想："你讲你的，我有我的看法。"这是内心不清净、有邪执的一种表现。

还有一种心态，听法者觉得法师讲的都是别人的问题，没有讲到自己。其实真的没有讲到自己吗？不是，是没有用心去听，没有把法和"我"联系起来。"这个法师是为我讲佛法"，一般人很少这样思维，这是法不入心的一种行相。如果用法师讲的法去看别人、观别人的过失，那就是法镜外照，错上加错了。

以上三种器过属于负面的部分，属于听法时要断除的过失，要想得到更大的受益，还应该从正面观察思维，让自己的好乐心增长。

这些思维的角度如《大方广佛华严经》说："复次善男子，汝应于自身生病苦想，于善知识生医王想，于所说法生良药想，于所修行生除病想。又应于自身生远行想，于善知识生导师想，于所说法生正道想，于所修行生远达想。又应于自身生求度想，于善知识生船师想，于所说法生舟楫想，于所修行生到岸想。又应于自身生苗稼想，于善知识生龙王想，于所说法生时雨想，于所修行生成熟想。又应于自身生贫穷想，于善知识生毗沙门王想，于所说法生财宝想，于所修行生富饶想。

又应于自身生弟子想，于善知识生良工想，于所说法生技艺想，于所修行生了知想。又应于自身生恐怖想，于善知识生勇健想，于所说法生器仗想，于所修行生破怨想。又应于自身生商人想，于善知识生导师想，于所说法生珍宝想，于所修行生捃拾想。又应于自身生儿子想，于善知识生父母想，于所说法生家业想，于所修行生绍继想。又应于自身生工了想,丁善知识生人臣想,于所说法生王教想,于所修行生冠王冠想、服王服想、系王缯想、坐王殿想。"

听完后还要依教奉行,就是把善知识的教授教诫如法行持。教授跟教诫不同,教授是告诉我们一个法门,应该怎么去做;教诫是告诉我们什么事情不能做。我们要对善知识的话深信不疑,对于他教诫我们不能做的,如果只是今天没有做,明天还是照样去做,那是没有用的;对于教授我们要去做的,必须一直坚持下去,才会有成就。

如果只遵守教授而不遵守教诫,或者反过来,都是不行的。就像冷热阴阳相生相克一样,所有的教授教诫都要遵行无违,这是很重要的。我们自己听法后能够依教奉行,并将学习实践的心得为他人宣说,广为流通,这就是后善流通。

刚才提到,如理听闻佛法能够让我们开启智慧,乃至于佛陀讲完一部法后,就有许多人开悟证果。其实我们学习佛法,无论听闻也好,看书也好,都不能停留在文字理论上面，文字只是表征佛法的符号，我们一定要趣入文字背后的内涵，才能够启发智慧，得到佛法真实的受用。《菩提道次第广论》上讲"一切圣言现为教授"，就是说佛陀所有的言教都是我们修行的教授，都是现前对治烦恼、究竟圆满成佛的。我们容易去接受文字理论，但是要体悟到内涵就不容易。

我们学佛法是要通过如理听闻、思维、修习，到最后是要得到智慧，由智慧才能到彼岸，究竟地解脱生死。我们要以智慧解决问题，而不是以经论的文字语句解释问题。

佛在四依法中讲"依义不依语"，学文字是为了得到内涵，听闻、看书是要通达佛法，解真实义。如《瑜伽师地论》说："由诸菩萨思惟法时但依其义、不依文故，于佛世尊一切所说密意语言能随悟入。"

很多人学佛要么在文字上转，要么在义理上转，从这个概念推到那个概念，没办法现为教授。现为教授有什么效应？就是在听闻的当下，现行烦恼得到调伏，开启智慧，很多疑惑得到破除。比如讲无常，我们可以用无常来解释境界，但如果内心无动于衷，那有什么用呢？讲无常是要破除内心的常执，提起警策心和精进力。真的发起了精进，放逸懈怠等烦恼现行就会被破掉，这才是佛陀告诉我们无常的本意，其他法类也是一样。

在经典中记载了一个故事，佛陀有一次生病，正在休息，这时阿难在外面给别人讲佛法，讲到精进的时候，佛陀听到了，马上就坐了起来。阿难看到了，就问佛陀为什么不休息，佛陀说我听到你讲精进，心里好欢喜啊！佛在生病时都是这样示现的，一听到法，内心马上就能够相应。学习佛法真正能够现为教授了，就会有这样的功效。

如果听法久了，不想再听了，甚至疲掉了，好乐心没有了，那就是学出了问题。有些人学到最后成了"老油条"，什么道理都懂，烦恼却不能调伏，就是没有做到现为教授。

学佛法就要让圣言活起来现为教授，要想办法真正体会佛法的内涵，真正体会到了佛法的境界，对法才会有感觉，才会生起不可动摇的信心。比如说我们对三宝的功德真正有了体会，才能谈得上建立终极信仰，就是要成佛、涅槃。

真正建立起终极信仰的人，遇到什么境界都不会怯弱，每一天都很清楚为何而活着，内心很踏实，也非常有力量。如果体会不到佛法的内涵，就会感到佛法这么好，为什么我学了这么久还有如此多的烦恼和问题，就会疑惑重重。

我们学习佛法，不能把圣言现为教授的原因何在呢？《大乘起信论》说："一切诸法唯依妄念而有差别。"意思是说，我们在人生过程中，所经历的一切，感受到痛苦也好、快乐也好、美好也好、丑陋也好，都是自己的妄念产生出来的，是分别心分别出来的。我们肉眼所看到的事物，只能看到外表现象，无法辨别本质。因为我们只是看到局部、有限时空因缘下的事物现象，以及由这些现象所产生的感受、知识、经验等。这些都是凡夫内心当中的经验，同时也是问题，必须用佛法去净化和提升。如果不能认识到这一点，听闻佛法时就会以个人的经验和认知去理解佛法，这就是问题所在。

学习佛法必须要借助语言文字。儒家讲"文以载道",语言文字是承载佛法的工具,在佛法中叫做名言。在学习佛法之前,我们接触的都是世间名言,也就是世间的语言文字,它是用来安立诸法和表达思想的工具,可是世间人却反而受到这套工具的支配和束缚。因为凡夫的名言所指的都是世间法,它是从分别心出来的,从烦恼出来的。我们的一切看法、想法、观念,都受名言的支配,不仅会导致自己内在起烦恼,还会影响别人。

　　佛法就不一样了,所讲的都是圣者的名言。它也有所指,却是从智慧流露出来的,所有言说皆依诸法实相,清晰地指出问题所在,但又不落入名言的执着中。凡夫被世间名言束缚住了,跳不出去,不能得到解脱。因此必须用圣者的名言来代替世间名言,否则你执着世间的一套名言,就难以接受佛教中圣者的名言,就会被束缚住。

　　世间的成就恰恰是要放下的,世间讲"我",佛法讲"无我";世间讲"常",佛法讲"无常"。

214　不立文字

我们学习佛法，一切圣言现为教授的目的就在这里，要让我们的名言概念体系，符合圣人的名言体系，这样才能够转凡成圣。世间名言都是有为法，一切有为法如梦幻泡影，都会无常迁灭。

凡夫皆以有为法而有差别，圣人则以无为法而有差别。我们要透过学习，将内心中世俗染污的名言，转变成佛法善净的名言，最后用智慧彻底破除一切执着，才能解脱生死，修行即是要达到这种胜义谛的境界。

依师修学信为本
次第方法无错谬

佛陀的言教都是指导我们修行的，祖师菩萨造的论是解释佛经的，也是指导我们修行的教授。但是由于一般人条件不够，无法靠自己的力量理解经论的内涵，必须靠善知识的善巧引导，让我们从自己的缘起点出发，一步一步迈上去，让佛言祖语能够现为教授。否则我们自己看经书，会觉得佛法很好，像天上的星星一样，看得见却够不着。

善知识是真正有经验的过来人，知道我们的条件如何，学修的下手处在哪里，能够帮助我们对治烦恼、除遣疑惑，破除我法二执。我执跟法执的概念其实每个人都知道，但是知道概念不一定就能够破得了，修行最终就是要去破我执跟法执，让我们究竟解脱。

依止善知识，当然不是随便依止的，所依止的善知识要具足一定的德相。但作为弟子而言，最重要的是不能观察善知识的过错，对善知识要有信心。有信心的话，善知识才会为我们作指导，让我们突破修行的障碍，跨越心灵的樊篱。如果我们连很小的事情都不信，大的事情他也不可能给我们讲。

对善知识的信心就像电脑的网卡一样，要靠它去接收信号，网卡要是坏了，信号就没有了。对善知识没有信心或信心不足，就得不到指导和加持，就像网卡坏了，信号就断了。我们遇到善知识示现一些不容易理解的行为时，不能用自己的逻辑来推理，更不能用凡夫的心态分别善知识的过失，这是非常重要的。

因为只有境界高的人才能看清楚境界低的人，境界低的人看不清楚境界高的人；心胸格局窄的人，不了解心胸格局宽的人，心胸格局宽的人却能把窄的涵盖进去。因此我们不管任何时候遇到任何事情，都要有信心，就像密勒日巴尊者一样，他依止玛尔巴尊者时，不知道受了多少委屈，经历了多少折磨，但他对善知识的信心从来没有动摇过。

汉地的祖师也是一样，禅宗里有一位很了不起的丹霞禅师，成就很高。他准备出家时，想要找一个佛教界公认的大德做师父。他到处去问，大家都说马祖道一禅师最有成就，就千里迢迢跑到马祖道一禅师那里去求，说我要到你这里出家，请求成全。马祖道一

第五章　趣入菩提道　219

禅师告诉他，你的出家因缘不在我这里，我不收你。

丹霞禅师说，我已经梦寐以求了很多年，到你门下来出家。你说我出家的因缘不在你这里，那我究竟应该到什么地方出家？马祖道一禅师就告诉他，你应该到石头希迁禅师那里出家。丹霞禅师磕了三个头就走了。

到了石头希迁禅师那里，丹霞禅师给他跪拜顶礼，说我要到你这里出家，石头希迁禅师让他住下来。在两年的时间里，石头希迁禅师既不跟他说话，也没有教他佛法，就让他去劳动。丹霞禅师很听话，在庙里天天劳动。后来有一天，丹霞禅师刚好遇到马祖道一禅师，马祖道一禅师跟他讲了一句话："庭前草长。"意思是庭院前面的草已经长长了。丹霞禅师非常有悟性，马上端来一盆水，拿了一把剃刀，去找石头希迁禅师，就这样落发了。剃度之后，他赶紧礼谢剃度的师父，石头希迁禅师摸摸他的头，说："佛子天然。"丹霞禅师再次礼谢。

石头希迁禅师问："我还没给你取法名，你怎么就再感谢？"丹霞禅师说这个就是法名,然后石头希迁禅师就给他讲了一些佛法。刚刚讲了几句,他就跑出去,说我不听了。石头希迁禅师觉得奇怪,说我好不容易给你讲法,你不听?他说佛法我已经听够了。石头希迁禅师说,你怎么能说佛法听够了?我刚才讲了什么?你怎么认识佛法?拿出来给我见识见识。丹霞禅师就跑到佛像前,坐在那里不说话。石头希迁禅师就对他说,你将来必定有大成就。他后来果然成了一位成就很高的大禅师。

这个公案的意思是说,禅师开悟是有一定因缘的。禅宗所有大德的开悟都是有因缘的,净土宗、密宗,其他的宗派也是一样,大德下面的弟子们能有成就,都是有因缘的。过去在丛林里,不论是禅宗、净土宗还是其他宗派,出家学习佛法,要读哪些经论,不是自己随便乱读的,要经过善知识同意才行。善知识让弟子怎样修行,弟子就怎样修行,所以,必须对善知识有坚定的信心才可以。

修学佛法最重要的是依止善知识,对善知识要有信心,这样才能走得上去。善知识的引导,特别是对于初学者,主要是两个

222　不立文字

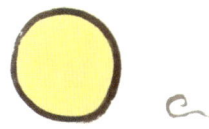

方面：一是次第，二是方法。次第是什么意思呢？比如我们盖一座楼，先要把地基打牢固，然后慢慢垒墙壁、架楼板、铺地砖等等，有前后次第。反过来说，如果我们没有做地基，直接就在泥土上面垒房子，等到盖得高时，房子就会倒塌。

　　修行也是这样，它有相应的次第——目标是什么、下手处在哪里、先修什么后修什么、前后怎么配合等等，都要在善知识的指导下，按照次第去修。次第没有弄明白就盲目去做，很容易出偏差，要么事倍功半，要么半途而废。所有的佛菩萨、善知识都要引导我们成佛。怎么成佛呢？就要按照次第一步步去学、去修。学是明确目的地，认清道路和方向；修的内涵是脚踏实地，一步一步去走。

　　有了次第之后，还要有方法。好比我们对造房子的次第步骤弄明白了，但如果没有实际经验和操作方法，这个房子依然盖不起来。学佛修行也是一样。有人认为自己知道了次第就能够修得上去，那也未必。

如果没有方法依然修不了,所以方法非常关键。

　　这种方法是一种经验的传承,有修行的人必定有修行的经验,才有办法对我们做指导。反过来说,如果不是在修行上面累积了很多的经验,是不足以去指导人的。比如说,你掌握了很多医学常识,但是没有临床经验,依然不敢给人看病,看病也容易发生误诊。一个看了几十年病的医生,只要眼睛稍微看一下,手摸一下脉相,就知道患者得了什么病,就可以开药,并且很准确。

　　我们常常讲学佛要种正因,意思是知道了学佛的目标后,就要在因地上去努力,因正才能果圆。如果不明白修道的次第、方法,如何种成佛的正因呢?就如播种一样,你究竟怎么播种呢?如果没有挖地、平地,没有把地里的石头、杂草去掉,我们的种子种下去,最后的收成肯定会受影响,甚至可能没收成。因为土质太差,种下去不能生根发芽。

　　同样的道理,我们的心如果太僵硬了,都是烦恼现行,都是杂草石头,善法的种子种下去就会被埋没,无法生根发芽。因此学佛一定要把基础先打好:怎样依止善知识、怎样亲近善友、怎样听闻佛法、怎样让自己成为一个具相的弟子……这些基本条件要先具备。

很多人刚开始学佛时比较好奇,发心很大,用功也很猛,但久了之后,坚持不下去了。其原因就是基础性的修习没有做好,没有集聚学法的资粮,条件不具足,就像土地没有垦好一样。这是很多人学佛过程当中常常发生的问题,想用很快的时间修出一个什么模样、境界出来,结果不仅没有修成,最后连学佛法的兴趣都没有了,对佛法的信心都动摇了,会觉得佛法不是很灵验啊!这些都是由于不知道次第,又没有正确的方法,盲修瞎练造成的。

佛法就是成佛的方法和途径。怎样按照这条路一步一步去走,走好走稳,最终成佛,是有次第和方法的。我们依止善知识修学佛法,其目的就是要对学修的路越来越明晰和笃定,越来越有方法。

226 不立文字

第五章　趣入菩提道　227

有没有方法表现在哪里呢？在于能不能调伏自心。调伏自心是要调伏心中的烦恼。如果不能调伏自心，就说明没有方法；如果能够调伏自心，就是有方法。内在的无明烦恼得到调伏，就有智慧了。

　　有人说，我不生气，也不骂人，是不是烦恼调伏了呢？单单不生气、不骂人还不够，还要看内心有没有光明？有没有力量？有没有承担心？内心中有力量去面对各种境界的考验，承担利他的责任，就是有智慧，就是烦恼真正得到了调伏。

　　我们要调伏自心，就要观待好心和境的关系。在学佛修行之前，我们的心都是随着境界转——看到好的境界，就起贪心；看到不好的境界，就起嗔心。因此刚开始用功时需要远离外境，也就是通常所说的"防护根门，远离外境"。

　　但是远离境界之后，慢慢地内心跟外境会有距离，虽然我们看到各种人事物，但是实际上内心当中会产生一片空白的境界，觉得这些东西好像跟自己没什么关系。这是大部分用功的人会有的一种感受，这是我们离境修时沉空滞寂造成的。

我们要观空、证悟空性，要达到观空证空而出"有"才可以。如果我们一直在观空，而缺少慈悲心等法类的修习，一旦证悟空性，就会在这个境界中出不来，这是非常可怕的。因为内心中有这么一块空白地带，接受不进外在的境界。

佛世时，须菩提的舅舅长爪梵志非常自负，喜好辩论，去找释迦牟尼佛辩论时立了一个宗：一切法不受。释迦牟尼佛就问他：一切法不受的说法你受不受？其实这也是一个受。受有三种：苦受、乐受、舍受，如果一切法不受，就落到舍受中去了。同样的道理，如果不领受境界、拒绝境界时也有受，是舍受。当我们落到舍受中而自己又不知时，就是无明状态。

如果我们的心长期远离和拒绝境界，对外境逐渐不敏感，面对具体的人事物时，常常无法判断应怎么办？事情怎么处理？

最后，我们的心就会丧失面对境界的能力，不能面对日常生活中种种境界的挑战，这就是没有承担心的表现。

没有承担心就不可能发菩提心。大乘行者要发菩提心，在广大承担中面对种种境界去历练。菩提心是心心念念不舍"有情"，如果不能面对境界，就与菩提心相违背了，也有违我们调伏自身烦恼的本意。

如《大般若波罗蜜多经》说："佛告善现，诸菩萨摩诃萨于诸有情誓不舍故，谓作是愿：若诸有情未得解脱，我终不舍所起加行。善现，诸菩萨摩诃萨愿力殊胜，常作是念：一切有情若未解脱，我终不舍。由起如是广大心故，于其中道必不退落。善现，诸菩萨摩诃萨恒作是念，我不应舍一切有情，必令解脱，然诸有情行不正法，我为度彼，应数引发寂静空无相无愿解脱门，虽数引发而不取证。善现，是菩萨摩诃萨成就善巧方便力故，虽数现起三解脱门，而于中间不证实际，乃至未得一切智智，要得无上正等菩提方乃取证。"

没有承担心、沉寂偏空，是一个将佛法学偏而导致的比较大的问题，是由于没有把握住修行次第和方法中的关键点所致，只有依靠具量的善知识的引导，才能避免这类问题。因此，修学佛法对善知识的信心是根本。

密集稳定双用功
忏悔发愿恒常修

最后再谈一谈修行用功方法的问题。用功分为两种，一种是密集的用功，一种是稳定的用功。

密集的用功指精进佛七、禅七、结夏安居、闭关等，能够在七天、三个月乃至于更长的时间内连续地修行。密集用功在修行上是必须的，因为在放下一切外缘的情况下，经过一段时间的密集用功，专心致志地安住在佛法的修持上，能够比较快地转变心相续，获得一定的体验，增长我们对佛法的信心，乃至获得成就。

丛林里每年都有密集用功的阶段，到夏季要结夏安居，冬季要打念佛七、禅七。佛世时的僧众通过三个月的安居静修之后，有很多人会开悟证果。参加过精进佛七的人，也可以得到不同程度的佛法体验，例如业障消除、身心轻安，生起无常、皈依的觉受等等。对于在家居士，如有条件最好能到寺院里参加"打七"，如果条件不允许，也应该过一个阶段就有一些加功用行，多做一些功课，这是很重要的，能够帮助我们快速提升心力，就像加油站一样。

第五章　趣入菩提道　233

另一种是稳定的用功,就是在日常生活中的修行用功。它有一个原则:"身心稳定,心灵提升"。让自己的身心有一个稳定的状态,避免大的起伏与波动,这是修行的基本功,有了这个条件后,才能更细致地在内心用功。这就要求我们每天的生活作息要有规律,什么时候做什么事都要事先规划好,避免任遇所缘和心无所缘。

出家众比较有条件做到这一点,因为寺院的生活作息是很有规律的,只要能够坚持每天随众上殿、过堂、出坡、诵经、学习等,身心就会很稳定,在这些境界里慢慢地学会用心,久而久之内心就能培养出一种无形的力量,这种力量是以后密集用功修行的基础。

反过来讲,如果没有平时稳定用功的基础,密集用功也是使不上力的,乃至做事承担也是不容易长久坚持的。因此,作为一个出家人,随众是非常重要的,随众就是最好的修行,尤其是对于承担寺务工作的执事法师更要努力做到这一点。

稳定用功对于在家居士们应当如何操作呢?

在保持自己生活起居尽量规律的前提下，最重要的是给自己定功课。它有三个原则：第一，每天必须固定时间。做功课的时间由自己来决定，一般早晚比较合适，早晨可以有缘念，晚上可以回向。第二，应该有固定地点，每天都在同样的地方做功课。第三，要有固定的内容，无论诵经、打坐、持咒、念佛，每天都是同样的内容，不要经常改变，也不要时多时少。做功课不能停也不能断，长期坚持才会有功夫。就像我们吃饭一样，如果一天吃、一天不吃，肯定会出问题，每天吃多少保持定量，身体才会健康。做功课也是如此，每天坚持，我们的身心才会稳定、进步。

在每天的功课里应当有两个最重要的内容：一个是忏悔，一个是发愿。对自己过去、现在的种种过失至诚忏悔；同时对未来的期许要发愿。

忏悔就是对以前所造的种种过失、恶业要追悔，而且保证以后不要再造。如《六祖坛经》说："忏者，忏其前愆。从前所有恶业，愚迷骄诳嫉妒等罪，悉皆尽忏，永不复起，是名为忏。悔者，悔其后过。从今以后，所有恶业，愚迷骄诳嫉妒等罪，今已觉悟，悉皆永断，更不复作，是名为悔。故称忏悔。"

为什么要常常忏悔呢？因为我们要离苦得乐，决定苦乐的是我们造的善恶业，而业一旦造下去就不会亡失，因缘会合时就会感果，唯有通过忏悔才能消除恶业。凡夫在无明烦恼之中，无始以来造的恶业无量无边，如《地藏经》说："南阎浮提众生，举止动念，无不是业，无不是罪"，因此要常常忏悔。

只要真诚忏悔，罪业即能消除，如《四十二章经》说："有恶知非，改过得善，罪日消灭，后会得道也。"即使是阿阇世王杀父的重罪，由于他至诚忏悔，虽然堕入地狱，但是暂入旋出，并未受地狱的痛苦。如《佛为首迦长者说业报差别经》说："复有业能令众生堕于地狱，暂入即出。若有众生造地狱业，作已怖畏，起增上信，生惭愧心，厌恶弃舍，殷重忏悔，更不重造。如阿阇世王杀父等罪，暂入地狱，即得解脱。于是世尊即说偈言：若人造重罪，作已深自责，忏悔更不造，能拔根本业。"

在现实生活中，我们也可以看到，有些人通过忏悔找回了善良的本心，了解了人生的意义，从而进入佛门。有些人虽然学佛，但是内心烦恼非常粗猛，佛法不能入心，这时最需要做的就是忏悔。在皈依仪轨里面，正受三皈前要忏悔，受戒前也是一样，要先忏悔清净才能得到皈依体和戒体。学佛要想真正上路，第一步就要忏悔，不论对出家人还是居士，都非常重要。

忏悔的方法有多种，比如对于犯戒罪有相应的作法仪轨，这里不细谈，对于犯戒以外的业道罪，就要用具足"四力"的方法来忏悔。

《菩提道次第广论》说："诸恶还出者，应由四力。开示四法经云：慈氏，若诸菩萨摩诃萨成就四法，则能映覆诸恶已作增长。何等为四？谓能破坏现行、对治现行、遮止罪恶及依止力。作已增长业者，是顺定受，若能映此，况不定业。"

历代祖师制作了很多修忏悔的仪轨，如八十八佛忏、三十五佛忏、药师忏、金光明忏等，这些仪轨的内涵就是"四力对治"。其中"破坏现行"指的是对我们已造的恶业产生极强的追悔心，就像误食毒药般地后悔，这样造恶业的现行烦恼才会破掉；"对治现行"是指用种种的方法例如持咒、诵经等对治恶业的力量；遮止罪恶是指发起很强猛的誓愿，誓不再造；依止力指皈依三宝和发菩提心。

对于注定要感果的"作已增长"业，都能够依四力对治忏悔清净，何况其他的业。但要真正生起四力具足的量，如《金光明经》说的"不起邪心，正念成就"是很不容易的，通常要到密集用功时，比如打佛七，有善知识引导，才比较容易做到。

我们平时每天的忏悔该如何做呢？一方面，四力忏悔可以随分随力去做，另一方面，比较重要的是养成反省的习惯，常常检点自己身语意三业的过失。

反省的内容有两方面比较重要，第一是从"所求"和"业果"上去反省。"所求"就是我们行为背后的动机和目的。我们学了佛法都知道要造善业，不要造恶业，但是有时候认识不了、把握不好自己的内心，动机就会出问题。例如初学佛的人往往会有一种心态，见到善知识、法师时，既想去亲近但又害怕。

这时就要去反省自己为什么要亲近？为什么会害怕？亲近善知识到底是为了求什么？想亲近是由于学习了一些亲近善知识的理念，知道能得到利益；害怕是因为自己内心有烦恼，怕善知识不给自己好脸色，怕被他看透自己的习气毛病。

这种畏惧善知识的心理，就如《大学》中说的："小人闲居为不善，无所不至，见君子而后厌然，掩其不善而著其善。人之视己，如见其肺肝然，则何益矣！"亲近善知识要想得到利益，就必须要坦诚，要有改过的心，不能文过饰非。如果只想求肯定，一旦善知识不肯定自己，就会害怕失望。不想让善知识知道自己的过失，不知不觉地就造下了远离善知识的因，这是在亲近善知识的过程中，要常常反省的地方。

除了反省所求以外，从业果的角度反省也是很重要的。我们在学修、生活当中与人相处时，常会发生摩擦碰撞。比如别人不客气地讲我们一句，自己就会很难受，这时一是要反省自己的所求：我为什么难受？二是要进一步从业果上去反省：为什么别人会这样讲我呢？这就是自己的业力所感。

我们不能去怨天尤人，因为业未造不遇，《大学》中说："言悖而出者，亦悖而入；货悖而入者，亦悖而出。"一切都是自作自受的，因果报应毫厘不爽。这时我们需要静下心来，认真地回忆往昔是怎样对待别人的，哪些地方给别人造成过伤害。仔细反省的话，一定可以发现自己也曾经这样对待过别人，能够反省到自己的现行，才会去忏悔、改过。孔子说："己所不欲，勿施于人"，好好地在因地上改善自己，善待他人，才是我们真正应该去努力行持的地方。

平时反省的内容还有另一个方面，用禅宗的话来讲就是要"起疑情"。要常常扪心自问："我自己的学习、用功、工作、生活的方式、方法对不对？是不是跟佛法的精神相违背？"

我们学修佛法是要依法行持，根据佛法一点一滴来返照自己、改善自己，而不是以佛法来说明自己的观念与行为的合理性，这

242　不立文字

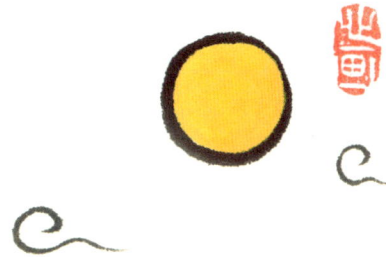

是非常关键的。如果我们意识不到这一点，学了一些佛法的名词术语，就以自己的认识来理解佛法，认为佛法就是这样，学久了后，不知不觉地会产生一种心态：自己就是佛的代言人、法的代言人，好像自己理解的佛跟法才是正确的。而实际上自己跟佛法已经越来越远，对佛法的执着越来越严重，这就是我们常常听到的把"佛法学死了"。

很多人学佛后会出现这种情况，会认为自己内心里的佛法观念才是正确的，其他人都学错了。这样就会导致自己的心很难与大众相应，很难与大众沟通，而自己恰恰忘记了学习佛法的目的是要调伏自心和转变自心。

举一个例子，比如大家在一起研讨佛法，很多人不知道怎么研讨。我们到寺院里来研讨录音带、经论，自己要先用功，然后把问题带来。在研讨过程中，可以表达自己对这一段经文如何理解，别人也可以表达他的理解。当然你也可以不赞成对方的观点，但是你没有必要说对方是错的，这本身就是他的理解，要去研究对方为什么会这么理解。

比如说五个人有五个答案，我们就要去思考别人为什么这样理解。研讨的目的就是要让大家造共业，了解对方。如果他理解得很浅，你要去了解他为什么理解得这么简单，下一步才知道怎样去帮助他。反过来说，理解肤浅的人要去了解别人，看人家哪些方面值得自己借鉴。不然的话，你说他错了，他说你也错了；他说你很浅，你说比他还深，无形当中就会互相观过，乃至于好为人师，这些都是非常错误的。

这样学下去的结果是每个人都越来越固执，善知识引导时都会很困难，因为长期熏习的结果，只认为我最对、我的认识是正知见，实际上不晓得错到哪里去了。

本来在学佛以前还知道自己有很多问题，要通过学习佛法来净化自己。学了佛法之后，久而久之，不仅内在的我执没有淡化，外在的我相没有放下，反而加深、加重，最后变成用佛法把自己包裹起来，好像自己所做的都是最如法的、最如理的，别人好像都不如法、都有问题。这些都是学修佛法比较久的人特别要注意的地方。

因此我们对自己要常常怀疑，对别人不能产生怀疑。如果不能扪心自问，不能对自己起疑情，自己的一些错误观点就会越来越坚固，就会认为自己最正确。我们对自己起疑情，就是反省自己，也就是忏悔，这样我们才会进步，智慧才会得到增长。

　　我们在短暂的人生中，只有不断坚守自己的正念，不断认识到生命的弱点，知道自己在修什么、修不上去的原因何在等等，才能不断地突破、进步，这才是真正的修行。真正有了生命提升的经验以后，才能够理解别人在修行过程当中的一些境界和成长，才能够了解别人内心的功夫。如果我们自己的执着非常重，那就根本不可能了解别人。

　　我们养成了反省的习惯后，就会发现自己的问题，这些问题慢慢积累下来，就要学会去分类——学习上面的问题、用功上面的问题等等，当遇到善知识时，他给你指点这些问题的核心、要害所在，就可以把所有的问题全部解决。不然的话，有一天善知识来问我们学修有没有什么问题，我们回答不出来，就失去了得到指导的机会。原因是平时没有去反省思考，对自己没有起疑情，就不会知道有什么问题。

除了反省、忏悔以外，每天的功课里另外一个要做的就是发愿。发愿就是发起志愿、誓愿，是对未来的一种期许。我们常常说发愿回向，但它们还是有一点差别，发愿是做事之前的动机，回向是积集资粮以后，把资粮、功德回向到希愿的地方，因此有事先与事后的差别。

我们学修佛法，沿着道次第增上，就要不断地净除罪障、积累资粮，同时还要不断地广发正愿，把净罪集资的功德回向到学修的各个目标上。这样做的好处，是能够让我们的功德、资粮，向期许的方向去感果。

如《大智度论》说："诸菩萨见诸佛世界无量严净，发种种愿。有佛世界都无众苦，乃至无三恶之名者，菩萨见已自发愿言：我作佛时世界无众苦，乃至无三恶之名亦当如是。有佛世界七宝庄严，昼夜常有清净光明，无有日月，便发愿言：我作佛时世界常有严净光明亦当如是。有佛世界一切众生皆行十善，有大智慧，衣被饮食应念而至，便发愿言：我作佛时世界中众生衣被饮食亦当如是。有佛世界纯诸菩萨，如佛色身三十二相光明彻照，乃至无有声闻辟支佛名，亦无女人，一切皆行深妙佛道，游至十方教化一切，便发愿言：我作佛时世界中众生亦当如是。如是等无量佛世界种种严净愿皆得之，以是故名愿受无量诸佛世界。

问曰：诸菩萨行业清净自得净报，何以要须立愿然后得之，譬如田家得谷岂复待愿？答曰：作福无愿无所摽，立愿为导御能有所成；譬如销金，随师所作，金无定也。如佛所说，有人修少施福、修少戒福、不知禅法，闻人中有富乐人，心常念著，愿乐不舍，命终之后生富乐人中，复有人修少施福、修少戒福、不知禅法，闻有四天王天处、三十三天、夜摩天、兜率陀天、化乐天、他化自在天，心常愿乐，命终之后各生其中，此皆愿力所得；菩萨亦如是，修净世界愿然后得之，以是故知因愿受胜果。

复次，庄严佛世界事大，独行功德不能成故，要须愿力。譬如牛力虽能挽车，要须

御者能有所至；净世界愿亦复如是，福德如牛，愿如御者。"

要成就圆满佛果，就要发种种殊胜的大愿，像经论中所说的因愿而受胜果。反过来说，如果不向正确的目标发愿，就有可能成为"三世怨"。有的人虽然学了佛法，也做了很多功德，但是内心真正希求的还是世间的快乐，下一生感果的时候就会回到世间，做一个很有福报、很有脑筋的人。如果没有遇到佛法，远离了善知识、善友，这些福报、好脑筋就有可能成为造恶业的工具。一旦造了恶业，就种下了未来生堕落的因。因此，广发正愿是非常重要的。

第五章　趣入菩提道　249

发愿回向的另一个好处，是能够让我们的善根功德增长广大。如《大智度论》说：问曰：若不作愿不得福耶？答曰：虽得不如有愿。愿能助福，常念所行，福德增长。

"问曰：若作愿得报，如人作十恶不愿地狱，亦不应得地狱报？答曰：罪福虽有定报，但作愿者修少福，有愿力故得大果报。如先说罪中报苦，一切众生皆愿得乐，无愿苦者，是故不愿地狱。以是故福有无量报，罪报有量。有人言最大罪在阿鼻地狱，一劫受报；最大福在非有想非无想处，受八万大劫报；诸菩萨净世界愿亦无量劫，入道得涅槃，是为常乐。"

此外，我们在发愿回向时越能够把功德回向给别人，回向给法界有情，我们自己获得的果报也就越大。如《地藏菩萨本愿经》说："复次地藏，未来世中若有善男子善女人，遇佛形象、菩萨形象、辟支佛形象、转轮王形象，布施供养得无量福，常在人天受胜妙乐；若能回向法界，是人福利不可为喻。

复次地藏，未来世中若有善男子善女人，遇大乘经典，或听闻一偈一句，发殷重心，赞叹恭敬，布施供养，是人获大果报无量无边；若能回向法界，其福不可为喻……复次地藏，未来世中若有善男子善女人，于佛法中所种善根，或布施供养，或修补塔寺，或装理经典，乃至一毛一尘、一沙一渧，如是善事但能回向法界，是人功德百千生中受上妙乐；如但回向自家眷属，或自身利益，如是之果即三生受乐、舍一得万报。"

发愿如此重要，那我们如何发愿？作为一个佛弟子，我们的愿不外乎总愿与别愿两类。总愿是学佛的终极目标——上求佛道、下化众生，别愿是具体的阶段性目标，别愿为总愿做准备。总愿和别愿都很重要，如果只有总愿没有别愿，就容易感觉很空洞，找不到行持的下手处；反过来讲，别愿失去了总愿的摄持，就失去了信仰的终极目标，没有了方向感。

我们可以参考佛菩萨、祖师的发愿文，吸取前人的经验，例如阿弥陀佛四十八愿、药师琉璃光如来十二大愿、普贤菩萨十大愿

252 不立文字

王、智者大师发愿文、善导大师发愿文、宗喀巴大师极乐发愿文等等，仔细揣摩，可以得到佛菩萨、祖师的加持，然后写出自己的发愿文来，每日受持。不可忽视的是，我们的愿必须要有和现实缘起相配合的部分，也就是这一生对自己有什么样的期许，另外要把自己的命运和师法友的命运联系在一起，结好无限生命中生生世世与师友增上的缘，也是非常重要的。

发愿回向是功课里很重要的内容，是天天都要做的，要清清楚楚，不能马马虎虎。如果认为反正佛菩萨有神通，我们心里想什么佛菩萨都知道，不用天天刻意去造作，这个就是邪见，因为自己有去讲和没有去讲，有去做和没有去做是完全不一样的。业就要去造作，如果我们没有每天殷重发愿回向，没有造这个业，也就不会有相应的果。

善知识、善友的摄受，如理的听闻，修行的次第、方法，对自己起疑情、反省、忏悔、发愿——这些都是学习佛法非常重要的基本内容，希望大家能有正确的了解，得到真实的受用。